시장과 시장 사람들

시장과 시장 사람들

초판 2쇄 발행 2015년 3월 10일

저　자 ｜ 임영상 외
발행인 ｜ 윤관백
발행처 ｜ 도서출판 선인

편　집 ｜ 최진아
표　지 ｜ 안수진
영　업 ｜ 이주하

인　쇄 ｜ 대덕인쇄
제　본 ｜ 바다제책

등록 ｜ 제5－77호(1998.11.4)
주소 ｜ 서울시 마포구 마포대로 4다길 4(마포동 324-1) 곶마루 B/D 1층
전화 ｜ 02)718－6252 / 6257
팩스 ｜ 02)718－6253
E-mail ｜ sunin72@chol.com
Homepage ｜ www.suninbook.com

정가 13,000원
ISBN 978-89-5933-651-7 03380

・이 책의 간행에 황규열・송병의・이신기(백암지역문화제발굴보전회)・
　정만화(國際 ROTARY 3600地區 2015~16 총재)・윤석경(SK건설)・
　임호영(예아리박물관)・김장호(용인문화원) 님이 후원했습니다.

・잘못된 책은 바꿔 드립니다.

용인사회문화구술총서 2

시장과 시장 사람들

용인의 전통시장

임영상·김선정·김성희·김장환·김정은·
김종경·김태선·김효순·박준설·송은지·
우상표·우초롱·이혜임·정서운·정양화·
정윤아·조아라·최명환·홍순석 저

간행사

『시장과 시장 사람들: 용인의 전통시장』을
'용인사회문화구술총서 2'로 간행하면서…

    2010년 1월 용인시와 한국외국어대학교(글로벌캠퍼스)는 용인학 강좌 개설 협약서를 체결했다. 용인시는 강좌 개설을 지원하고, 한국외대는 용인시의 시정과 산업, 용인문화콘텐츠 개발에 대한 학생들의 관심을 제고시킨다는 내용이었다. 2010년 첫해 한국외대와 강남대에 개설된 용인학 강좌는 2012년부터는 단국대, 명지대, 용인대, 송담대 등 모두 6개 대학으로 확대되었다.
    용인문화콘텐츠 개발과 관련, 2010년 한국외대는 학교가 위치한 모현(처인구)부터 시작했다. 모현의 원로 8인의 삶을 각기 한 편의 이야기로 만들고, 용인사람의 전통적인 삶의 모습을 간직한 갈월마을을 조사하고 발전 방안을 제시했다. 그 결실인 『모현사람과 갈월마을』(한국외국어대학교 출판부, 2010.12)은 한국외대 문화콘텐츠 전공 교·강사와 구술사 방법론을 익힌 학생들, 그리고 모현사람들이 함께 만든 바 있다.
    2011년과 2012년은 각기 용인장과 백암장 시장사람들의 삶에 관하여 글쓰기(스토리텔링) 하면서 어려움에 처한 전통시장의 활성화를 위한 콘텐츠 기획서를 만들기로 했다. 2012년 11월 용인문화원과 한국외대 글로벌문화콘텐츠연구센터는 이미 출간된 『모현사람과 갈월마을』(한국외국어대학교 출판부, 2010)를 '용인사회문화구술총서 1', 이번에 간행하는 『시장과 시장 사람들: 용인의 전통시장』을 '용인사회문화구술총서 2'로 하면서 공동으로 간행하기로 했다.

용인사회문화구술총서 2 『시장과 시장 사람들: 용인의 전통시장』은 2011년 3월부터 2013년 8월까지 한국외대 인문대 문화콘텐츠 전공 교·강사와 학생들, 그리고 오랫동안 용인연구를 수행해온 용인의 향토연구자들이 함께 만든 책이다. 먼저 서설(敍說)인 「용인시 오일장의 형성과 전통시장 활성화: 용인장, 백암장을 중심으로」는 최명환, 정양화 두 분이 함께 집필했다. 용인사람의 정감(情感)이 배어 있는 용인의 오일장인 용인장과 백암장의 활성화를 염두에 두고 쓴 글이다. 책 전체를 이해하는 데 도움을 줄 수 있는 내용이다.

'제1부 용인장 사람들과 용인장 이야기'에는 허선욱, 금창현, 박노인 세 분의 시장 사람들에 대한 이야기 3편(학생 필자들), 『용인오일장 사람들』 시화집을 간행한 시인의 작품 및 시인에 대한 글(김종경·최명환), 용인장의 연원(홍순석)과 용인의 대표 골목 김량장 133번지 이야기(우상표)를 한 편으로 묶은 글, 그리고 용인장 활성화를 위한 콘텐츠 기획(김선정 외) 등 총 6편의 글이 실렸다. 용인장 콘텐츠 기획 글은 '구술사와 콘텐츠 기획' 수업시간에 발표된 기획서들을 담당교수인 김선정 한국학중앙연구원 현대한국학연구소 구술기록관실장이 재구성한 것이다.

'제2부 백암장 사람들과 백중문화제'에는 먼저, 백암순대의 두 전수자(박애자, 김미정)와 2011년 제1회 백암 백중문화제를 준비해온 김주흥(이장협의회)과 박세환(백암면체육회)의 삶의 이야기 3편(학생 필자들), 백암(사람)과 백중문화제를 사진으로 기록하고 있는 사진작가 김명수의 '삶의 이야기'(임영상), 백암장과 백중문화제(김장환), 그리고 백암장 활성화를 위한 콘텐츠 기획(최명환·김태선 외) 등 총 6편의 글이 실렸다. 백암장 콘텐츠 기획 글은 '구술사와 콘텐츠 기획' 수업시간에 발표된 기획서들을 전통장 관련 연구를 해온 최명환 박사와 백암에 살고 있는 문화콘텐츠 전공 김태선 군이 공동으로 재구성한 것이다.

 용인사회문화구술총서 2 『시장과 시장 사람들: 용인의 전통시장』이 나오기까지 같이 수고한 문화콘텐츠 전공 교수와 학생들, 용인의 연구자들, 무엇보다도 한국외대의 용인연구를 용인사회문화구술총서로 함께 간행하도록 격려해준 용인문화원 김장호 원장님께 진심으로 감사를 드린다. 아울러 상업성이 적은 책을 기꺼이 출판해준 도서출판 선인에게도 감사를 드린다.

2013년 9월
19명의 필자들을 대표하여 **임영상**

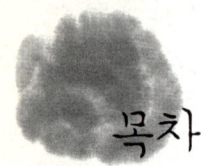
목차

『시장과 시장 사람들: 용인의 전통시장』을
'용인사회문화구술총서 2'로 간행하면서… ……………………… 5

서설_ 용인시 오일장의 형성과 전통시장 활성화: 용인장, 백암장을 중심으로
[정양화·최병환] ……………………………………………… 11

제1부_ 용인장 사람들과 용인장 이야기 …………………… 35
　1. 용인시장의 삶, 허선욱 할머니 [김정은] ………………………… 37
　2. 용인시장의 장승, 금창현 사장 [우초롱·정윤아] ……………… 51
　3. 용인시장 지킴이, 전 상인회 박노인 회장 [정서윤] …………… 67
　4. 『용인오일장 사람들』의 저자, 김종경 시인 [최병환·김종경] …… 79
　5. 용인 김량장의 연원과 김량장동 133번지 이야기
　　 [홍순석·우상표] ……………………………………………… 93
　6. 용인장 활성화를 위한 콘텐츠 기획 [김선정 외] ……………… 109

제2부_ 백암장 사람들과 백중문화제 131

1. 백암의 명물 백암순대의 두 전수자 박애자―김미정
   [김효순·박준설] 133
2. '백암' 알리기에 앞장서온 이장협의회 김주흥 회장
   [조아라·송은지] 151
3. 박세환, 백암 생활과 백중문화제를 말하다 [김성희·이혜임] 167
4. 백암 백중문화제를 기록하고 있는 사진작가 김명수 [임영상] ... 185
5. 백암장과 백중문화제 [김장환] 203
6. '백암장' 활성화를 위한 콘텐츠 기획 [최명환·김태선 외] ... 221

서설

용인시 오일장의 형성과 전통시장 활성화

-용인장, 백암장을 중심으로-

정양화 · 최명환

1. 시장의 형성과 오일장(五日場)

　시장(市場)이라고 하면 물건을 쌓아 놓고 소비자에게 파는 동네의 슈퍼마켓이나 반찬거리를 사는 재래식 시장을 떠올린다. 그러나 시장이라는 말은 훨씬 다양하고 폭넓은 의미로 사용된다. 곧 동네의 가게는 물론 남대문시장, 농수산물시장, 벼룩시장에서부터 주식시장, 사채시장, 외환시장, 노동시장 등 거래가 이루어지는 모든 곳을 '시장'이라고 한다. 컴퓨터를 통해 이루어지는 인터넷 상거래도 시장이고, 노동시장도 구체적인 모습을 갖지 않는 시장의 한 형태라고 할 수 있다. 어떤 경우에는 전혀 시장이라고 생각하지 못한 곳도 시장에 해당될 수 있다. 예를 들어 잠실야구장도 시장이다. 잠실야구장에서는 야구선수들이 멋진 경기라는 서비스를 보여주고, 관람객은 입장료를 지불하고 그 서비스를 소비하는 행위이기 때문이다.

시장은 자급자족에서 탈피하여 각기 남은 상품을 사고파는 교환이 발달하면서 형성되었다. 인구가 증가하고 도시가 발달하면서부터 자신이 생산한 물건과 자신에게 필요한 물건을 교환할 필요성이 커지면서 이 과정에서 시장이 발달하게 된 것이다. 이렇게 생겨난 시장은 단순한 상품 교환뿐만 아니라 거래에 따르는 비용을 줄이고 생산자간의 정보를 제공하여 생산의 효율성까지 높여 주고 있다.

시장 가운데 오일장은 5일마다 열리는 정기시장을 말한다.[1] 오일장은 조선시대 15세기 말에 시작한 열흘 간격으로 열리던 장시(시장)가 임진왜란을 거치면서 그 수가 증가하여 17세기 후반에는 5일 간격으로 열리면서 시작되었다. 열흘 간격이 닷새 간격으로 바뀌는데 결정적인 역할을 한 이들은 바로 '보부상'이다. 보부상들은 생산된 물품들을 무리를 지어 혹은 개별적으로 지역을 정해놓고 짊어지고 다니는데, 시장과 시장을 옮겨 다니는 데 알맞은 기간이 5일이었다. 17세기 후반부터 상업의 발달로 이 봇짐장수들이 활성화되면서 시장도 한층 더 활성화가 된 셈이다.

오일장은 한 지역에서 한 달에 여섯 번을 서게 되지만, 큰 마을 단위로 서게 되므로 한 시나 군에서 보통 3군데에서 많으면 4~5군데서 장이 날짜를 번갈아 가면서 선다. 시와 군을 하나로 보면 한 달 내내 장이 옮겨 다니면서 열려 한 달 중 20일 가까이 하나의 시와 군에서 장이 선다는 말이 된다. 따라서 이 시장체계의 형성은 적어도 한 시와 군의 범위에서 교환이 일상적으로 진행되는 하나의 지역적 시장권이 이루어졌음을 의미한다. 이러한 오일장은 이후 20세기 말까지 꾸준한 생명력을 가지고 자생해 왔으나, 지금은 도시화와 산업화로 상설시장에 밀려 많이 없어지

---

[1] 시장은 언제 열리는가를 기준으로 매일 열리는 상설시장, 주기적으로 열리는 정기시장, 정한 주기가 없이 열리는 비정기시장 등으로 구분할 수 있다.

고 있는 상황이다.

2. 용인시 오일장의 형성과 규모

오일장은 전국 각지에서 닷새마다 한 번씩 열리는 정기시장이다. 용인시 역시 산업화로 인해 커다란 변화를 초래하기 이전, 즉 전통적 농업이 중심을 이루고 있던 1960년대 말 정도를 기준으로 보면 여러 곳에서 장이 서고 있었다. 행정과 경제의 중심지였던 용인장(김량장)을 비롯하여 백암장, 원삼장, 송전장, 모현장 등은 용인 지역의 대표급 재래시장이었다. 그러나 현재 백암장과 용인장을 제외하면 기존의 오일장들은 자취만 남아 있다.[2]

1) 용인시 오일장의 형성

용인 지역에서 언제부터 오일장이 열리기 시작했는지는 명확하지 않다. 그러나 『증보문헌비고(增補文獻備考)』나 『산림경제(山林經濟)』, 또는 각종 '읍지'류 등을 통해 조선시대 중기 이후 장시(場市)가 나타나기 시작하여, 후대로 내려올수록 그 수가 증가하고 있다는 것을 확인할 수 있다. 이는 우리나라 오일장이 임진왜란을 거치면서 그 수가 증가하여, 17세기 후반에는 오일 간격으로 열리면서 전국적으로 일반화되는 것과 궤를 같이한다.

17세기 후반부터 서울과 지방을 연결하는 교통로가 정비되는데, 용인

---

[2] 용인장은 '열흘닷새장', 백암장은 '엿새하루장', 모현장은 '아흐레나흘장' 등으로 불렸다.

은 남교(南郊)의 중앙부에 위치하며 '영남대로'와 '삼남대로'가 통하는 곳으로, 조선시대 사대부들이 가장 선호하는 주거지로 인식할 정도였다. 특히 용인은 조선시대에 가장 중요했던 '9대로' 중 제4대로에 해당하는 '동래로3)'의 관문에 해당한다. 동래로의 중요 경유지인 낙생(樂生), 용인 현내(縣內), 김량(金良), 배관(排觀), 석원(石院) 등지에 장시가 열렸는데, 이들 지역은 18세기 후반에 이르면 서울과 수원, 안성 등과 연결되면서 지역의 상업 중심지로 성장하였다. 이들 장시 가운데 현내장, 김량장, 배관장(배감장, 백암장) 등이 모두 현재 용인시 행정 구역 안에 위치한 장시였다.

지역(장)	문헌	동국문헌비고 (1770)	임원경제지 (1830)	대동여지통고 (1834)	비고 (현재 지명)
용인	현내장	*	2일	2일	기흥구 언남동
	김량장	5일	5일	5일	처인구 김량장동
	도촌장	1일	1일	1일	남사면 봉무리
양지	개천장	*	4일	*	양지면 제일리
죽산	배감장	3일	1일	1일	백암면 백암리

18세기 중엽에 간행된 『동국문헌비고』, 19세기 중반에 간행된 『임원경제지』, 『대동여지통고』, 『용인현읍지(龍仁縣邑誌)』, 양지·죽산의 '읍지' 등을 보면, 당시 용인에는 용인현 소재지의 현내장과 김량장, 남사 지역의 도촌장, 그리고 양지 방면의 개천장(개나리장)과 배감장(백암장) 등이 있었다. 이후 개천장은 폐지되었으나 나머지는 그대로 계속되어 오다가

---

3) 동래로는 서울에서 한강, 신원점, 판교, 용인, 양지, 기안점, 광암, 석원, 충주, 문경, 대구, 밀양, 양산, 동래를 잇는 1,000리 가까운 관도다.

도촌장이 사라지고, 현대에 들어와 송전과 원삼, 모현 지역에 새로운 모습의 재래시장이 서기도 하였다.[4]

2) 용인시 오일장 장세와 거래 품목

장시가 발달한 지역에서는 장세(場稅)를 거둬들였는데, 이를 통해 해당 지역의 장시 발달 수준을 가늠할 수 있다. 용인시의 경우, 1794년 한 해 동안 총 216냥의 장세가 수납되었다. 그 중 현내장에서는 봄과 여름철에는 매달 4냥 8전씩, 가을과 겨울에는 6냥씩 거둬들였고, 김량장에서는 각각 6냥과 9냥씩, 도촌장에서는 4냥 2전과 6냥씩을 거둬들였다. 배감장은 8월부터 2월까지는 15냥 5전, 3월에서 7월에는 7냥 8전으로 책정되었다. 곧 용인시 오일장에서 거둬들이는 장세액은 거의 300냥을 상회하는 수준이었다. 이는 경기도에서 안성장(720냥)을 제외하고는 가장 많은 액수다. 이를 통해 볼 때 용인 지역의 오일장이 경기도에서는 손꼽히는 장시였음을 확인할 수 있다.

17세기와 18세기 용인의 오일장에서 거래되던 주요 상품은 미곡, 면포, 마포, 어염, 대추, 밤, 배, 감, 유기, 옹기, 사기, 연초, 소 등이었다. 양지의 개천장은 미곡, 면포, 마포, 어염, 대추, 밤, 연초 등이 죽산 배감장에서는 쌀, 콩, 보리, 무명, 면화, 과일, 소 등이 거래되었다. 용인의 경우, 서울과 안성, 수원이라는 대도시를 인근에 두고 있어 일찍부터 미곡의 생산이 활발하였으며, 면화는 용인의 대표적인 산물이었다. 20세기 초에 와서는 조, 콩, 보리, 옥수수 등의 잡곡은 물론, 목면, 참깨, 들깨, 아주까리, 연초, 백삼 등의 밭작물이 경작되었으며, 과수로는 감, 밤, 대추, 은행 등이 생

---

4) 용인시사편찬위원회, 『용인시사』 1, 2006, 557~562쪽.

산되어 오일장에서 거래되었다.5)

	1960년대			1970년대		
	소재지	일시	우시장	소재지	일시	우시장
용인면	김량장리	5,10,15,20,25,30	1	김량장리	5,10,15,20,25,30	1
모현면	왕산리	4,9,14,19,24,29		왕산리	4,9,19,24,29	
남사면	봉무리	2,7,12,17,22,27				
이동면	송전리	1,6,11,16,21,26		송전리	1,6,11,16,21,26	
원삼면	고당리	3,8,13,18,23,28		고당리	3,8,13,18,23,28	
외사면	백암리	1,6,11,16,21,26	1		1,6,11,16,21,26	1

3. 용인시 오일장의 확장과 변모

1) 근·현대 용인시 오일장의 확장과 축소

19세기를 넘어오면서 20세기 중반(1968년)에 용인시에서 열리는 오일장은 모두 6곳으로 확장된다. 그러나 1970년대에 들어오면서 남사면 봉무리에서 열리던 오일장이 소실되고, 왕산에서 열리던 모현장은 1960년대 말까지 월 6회에 걸쳐 열렸으나, 14일 장이 빠져 5회만 열리게 되었다. 그리고 1980년대부터 1982년까지 2곳의 오일장이 소실되어 4곳에서만 오일장이 열렸다. 그 후 1983년 이후에는 다시 2곳의 오일장이 소실되어 용인장과 백암장만이 그 명맥을 지금까지 유지하고 있다. 이는 1970년대 중반이후 개설된 상설시장과 대규모 점포 등이 오일장의 기능을 대신하

---

5) 용인시사편찬위원회, 앞의 책, 567~569쪽.

기 때문이다. 정기시장에서 구입할 수 있는 모든 상품은 구매자가 원하는 어느 곳에서도 구입할 수 있게 되었고, 원거리에서 열리는 오일장보다는 가까운 곳의 상점에서 물건을 구입하려는 경향이 늘어났기 때문이다.[6]

2) 오일장으로 명맥을 유지하는 용인장과 백암장

용인시 관내에서 가장 규모가 큰 오일장은 물론 용인장이라고 할 수 있다. 용인장은 정확히 말하면 '김량장(金良場)'인데, 지금의 처인구 김량장동에 서던 전통시장을 중심으로 열리는 오일장이다. 김량천은 과거에 용인 고을과 양지 고을의 경계를 이루는 하천으로, 현재의 자리에 오일장이 서기 시작하면서 교역의 중심이 되고 인구의 집중이 이루어지게 된다. 이후 일제강점기 초기인 1911년 지금의 기흥구 마북동(옛 구성읍 소재지)에 있던 용인군청이 옮겨 오면서 비약적으로 발전하게 되었다. 지명에서조차 김량장이라는 명칭이 들어가 있을 정도로 김량장의 발전과 성장은 오일장과 함께 해왔다고 해도 과언이 아니다. 또한 현재 용인시의 전통적인 오일장의 모습이 남아 있는 곳은 처인구 백암면 백암리에서 열리는 오일장이다. 백암장은 과거 농업이 경제의 중심을 이루던 시기에 용인은 물론이고 인근의 안성과 이천 일부 지역에서도 찾아왔을 정도로 규모와 위상을 자랑했던 장이다.

① 용인장(김량장)

경기도 용인시 처인구 김량장동에 있는 전통시장이다. 용인장은 김량

---

[6] 용인군지편찬위원회, 『용인군지』, 1990, 430~439쪽.

장동 중앙시장 인근 금학천 변을 중심으로 선다. 1995년까지는 성남 모란시장과 함께 전국에서 가장 큰 장으로 꼽혔었지만 1999년부터 대형마트 등으로 인해 쇠퇴의 길을 걷기도 했다. 그러나 최근 들어 오일장을 살리자는 운동과 함께 용인 지역뿐 아니라 인근 도시 주민들까지 추억을 찾아 이곳으로 몰리고 있다. 매달 5일과 10일, 15일, 20일, 25일, 30일에 장이 열린다. 용인 지역 주민들과 인근 도시 주민들이 많이 이용한다. 용인장은 '만물상'이라는 명칭에 걸맞게 규모뿐 아니라 갖가지 먹을거리와 구경거리 그리고 그 옛날 장의 모습을 엿볼 수 있어 색다른 즐거움을 찾는 이들에게 매력적인 관광지로 떠오르고 있다.

　금학천 변을 끼고 쭉 늘어선 노점상은 그 숫자를 헤아리기가 어렵다. 과일, 채소, 도장 파는 상인부터 호떡 아줌마, 솜사탕 아저씨, 놋그릇 판매상, 모종을 파는 할아버지까지 여기저기서 손님을 불러 모으는 소리에 귀가 멍멍하다. 이제는 계절에 관계없이 많은 외지인들도 찾고 있다. 용인장은 옛 장터의 향수를 느낄 수 있는 토산품 말고도 갖가지 먹을거리와 볼거리가 풍부하다. 꼼꼼하게 살펴보면 예전에 사라진 희귀한 물품도 살 수 있다. 옛날 대장간의 농기구, 짚신, 황기, 옥수수술, 정력에 좋다는 복분자술, 마른 산나물 등을 살 수 있다. 녹두로 만든 각종 음식과 막걸리, 소주 한잔과 함께 돼지의 부속물을 석쇠에 구운 소금간 구이, 생선구이, 즉석에서 구워지는 고소한 김, 집에서 담근 된장과 고추장, 설탕 듬뿍 뿌려진 꽈배기, 김이 모락모락 나는 흰 두부. 그 구수한 냄새가 그냥 지나치기가 힘들다. 이 시장의 주요 거래 품목은 인근에서 생산된 잡화, 채소류, 곡물류 등인데 이중에서도 특히 백옥쌀, 옥로주가 유명하였다.[7]

---

[7] 「용인디지털문화대전」 '용인장' 항목 참조.

② 백암장

　백암장은 경기도 용인시 처인구 백암면 백암리에 개장하는 정기시장이다. 용인시와 이천시, 안성시를 잇는 국도변에 위치하고 있어 교통이 편리하며 과거 경상도에서 소를 사러 올라올 정도로 큰 우시장이 열렸던 비교적 규모가 큰 시장이었다. 백암장은 조선시대에 죽산현에 속했던 장시로, '배관장(排觀場)' 혹은 '배감장(排甘場)'으로 불리었다.[8] 언제 설시되었는지 확실하지는 않지만, 『동국문헌비고(東國文獻備考)』 시적고(市糴考) 향시조(鄕市條)에 '배관장'이란 이름이 기록상 처음 등장하여 18세기 후반에 이르러 서울과 수원·안성 등 경기 지역 상권과 연결되면서 주요 상업기지로 성장한 것으로 보인다. 또한 19세기 전반에 장시 개설일을 1·6일로 조정하면서, 죽산의 주내장(4·9일)과도 하나의 장시권을 형성하였던 것으로 보인다.

　조선시대에 백암장은 죽산현에 속했다가, 1914년 행정구역이 개편되면서 경기도 용인시로 편입되었으며, 경부선·수여선·안성선 철도의 개설 이후에는 철도와 인접한 도로망에 입지함으로써 건재할 수 있었다. 실제로 1938년 당시 백암장에서 거래되었던 물품 거래액은 30만 2,737원에 달하였다. 이는 100만 원 이상의 안성장과 같은 대규모 장시는 아니더라도, 백암장이 철도 교통망과 직접적으로 연계되지 않은 지역임을 감안할 때, 중소 규모의 장시이지만 지역 상권의 기반이 되었다고 할 만한 수치다.

　해방 이후 백암장은 1970년대 중반 당시 거래액이 1만 7,080원, 고정

---

[8] '배관장'이라는 명칭이 언제 변음되었는지 알 수 없으나, 일반 사람들은 '배개미장'이라고 많이 불렀고, 지금은 백암장이라 부른다(용인문화원 향토문화연구소, 『백암면지』, 2006, 514쪽).

상인이 40명, 이용자는 600명에 달했다. 20세기에는 전국 최대의 우시장이 들어서는 등 각지에서 의류, 생선, 막걸리, 과일장수 등이 몰려들어 크게 번창하였고, 백암장은 돼지와 소, 쌀시장으로 전국적으로 유명세를 탔다. 그러나 산업화 바람에 밀려 쇠락의 길로 접어들었으나 최근에는 전통의 오일장으로 인근 지역에서 많이 찾는다. 1,000여 평에 뻥튀기, 소껍데기, 막걸리 등을 파는 먹거리 가게와 의류, 만물상 등의 노점들이 들어서 있어 다른 농촌지역의 오일장과 비슷하다. 매월 1일, 6일, 11일, 16일, 21일, 26일에 장이 열린다. 양지면, 원삼면, 백암면 주민들과 인근 도시 지역 주민들이 주로 이용한다.

　백암장은 각종 야채류 모종장사도 유명하다. 모종시장은 4월 중순부터 5월 하순까지 약 한 달여 동안 성시를 이루는데 고추, 토마토, 수박, 참외, 오이, 유채, 옥수수, 가지, 고구마, 호박, 상추, 박 등 종류도 매우 다양할 뿐 아니라 값도 저렴해 인기가 높다. 쌀시장도 옛 명성을 이어오고 있는데 요즘은 대형유통업체들을 통해 거래되는 탓에 유통량이 크게 줄었지만 친환경농법으로 재배한 추청(秋晴:아끼바레)쌀로만 수매해 브랜드화한 백옥쌀이 인기를 끌어 명맥을 유지해오고 있다. 곤달걀도 백암장의 빼놓을 수 없는 명물이었다. 곤달걀은 양계장에서 제대로 부화되지 못하고 죽은 불량품 계란으로 정력식품으로 알려지면서 이 지역 여성들이 많이 찾았다. 따라서 백암농업협동조합 뒤편 시장 어귀에 큰 대야에 곤달걀을 가득 담아놓은 노점상들이 많았다고 한다.

③ 용인 우시장

　1980년대까지 용인장과 백암장에는 우시장이 함께 열렸다. 용인 우시장에서의 평균 매매 두수는 31두에 이르고, 백암 우시장에서는 소는 물

우시장	거래량(두수)
함북 명천군 명천장, 길주군 길주장	25,000 이상
경기도 수원군 수원장, 양주군 한금면 삼패장, 용인군 외사면 백암장	20,000 이상
경기도 포천군 소흘면 동교장, 파주군 조리면 춘일천장 외 12개소	10,000 이상

론 돼지까지 매매가 이루어졌다.9) 그러나 지금은 모두 소실되었다. 특히, 용인뿐만 아니라 인근 지역의 오일장에서 가장 거래가 왕성한 우시장은 백암장이었다. 1918년 말 조사에 의하면 백암장은 전국 우시장 가운데서도 20,000두 이상 거래되던 곳이었다.10) 우시장 경기가 활성화되었을 때는 경상북도의 영주와 상주 등지에서도 소를 매매하기 위해 올라왔었다.

④ 백중장과 백암순대

(1) 백중장

농경세시풍속 가운데 가장 대표적인 것이 '백중놀이'다. 백중11)은 음

---

9) 용인군지편찬위원회, 앞의 책, 437~438쪽.
10) 용인문화원 향토사연구소, 앞의 책, 518~519쪽.
11) 백중(百中)은 음력 7월 보름에 드는 속절(俗節)이며, 백종(百種)·중원(中元), 또는 망혼일(亡魂日)이라고도 한다. 백종(百種)은 이 무렵에 여러 가지 과실과 채소가 많이 나와 '백가지 곡식의 씨앗'을 갖추어 놓았다고 하여 유래된 말이요, 중원(中元)은 도가(道家)에서 말하는 삼원(三元)의 하 나로서 이 날에 천상(天上)의 선관(仙官)이 인간의 선악을 살핀다고 하는 데서 연유하였다. 또한 망혼일(亡魂日)이라 한 까닭은 망친(亡親)의 혼을 위로하기 위해서 술·음식·과일을 차려 놓고 천신(薦新)을 드린 데에서 비롯되었다. 농촌의 7월은 바쁜 농번기를 보낸 뒤이면서, 한편으로는 가을추수를 앞둔 달이어서 잠시 허리를 펼 수 있는 시기이기도 하다. 이 시기에 '백중'이라는

력 7월 15일이다. 이 무렵이 되면 농사일이 마무리 되고, 각종 과일과 채소가 많이 나는 한가롭고 풍요로운 때이다. 예전에는 백 가지 곡식의 씨앗을 갖추어 놓는다 하여 '백종(百種)'이라고 불리기도 했다.

백중이 되면 가가호호마다 조상의 사당에 햇과일을 따서 차례를 지냈다. 또한 '호미씻이' 날이라 하여 7월 보름 경의 용(龍)날을 택하여 지주들이 머슴들에게 술과 음식을 대접하며 하루를 즐겁게 보내도록 하였다. 이 날은 머슴들끼리 씨름과 들돌 들기로 힘을 겨뤄서 가장 힘이 센 머슴을 가렸다. 또한 그해에 농사가 가장 잘 된 집 머슴을 장원으로 뽑았다. 마을 사람들은 장원한 집의 머슴 얼굴에 검정칠을 하고 도롱이를 입히고 머리에 삿갓을 씌워 우습게 꾸민 다음, 지게나 사다리에 태우거나 아니면 황소 등에 태워 집집마다 돌아다녔다. 집집마다 돌아다니면 집주인들은 이들에게 술과 안주를 대접하였다. 이날이야말로 머슴을 살던 사람들에게는 일 년 중 최고로 대접받는 날이 되었으므로 이날을 '머슴날'이라고도 불렀다.

그런데, 백중날은 머슴이 하루 종일 편히 쉬고 용돈까지 받는 날이니, 자연히 마을에서는 큰 장을 열곤 했는데, 이를 '백중장'이라 하였다. 백중장이 열린다는 소문이 인근에 퍼지면 여기저기서 장꾼들이 몰려오고, 난장을 텄다. 아이씨름에서부터 시작하여 어른씨름까지 씨름판이 펼쳐지고, 규모가 큰 경우에는 상품으로 황소가 걸리기도 하였다. 또한 마을마다 풍물패가 쏟아져 나와 장터를 흥청거리게 했다. 물론 이때를 틈타 야바위꾼과 같은 사기 행위를 하는 패거리들도 한 몫을 챙기려 나오므로, 이날 쌈짓돈까지 다 털려 봉변을 당했다는 노인들의 씁쓸한 회고담

속절(俗節)을 두어 농사일을 멈추고, 천신의례 및 잔치와 놀이판을 벌여 노동의 지루함을 달래고 더위로 인해 쇠약해지는 건강을 회복하고자 했다.

도 자주 접할 수 있다. 백중장은 장터의 규모를 과시할 수도 있는 경우였으므로 시장상인들이 주도적으로 뒷받침을 했고, 하루가 아닌 사나흘에서 일 주일 정도까지 열리기도 했다.

용인시에서는 백암 백중장이 유명하였다. 특히 씨름이 유명하였는데, 백암 씨름의 전통이 용인 전역으로 확산되고 현재는 용인을 대표하는 민속씨름으로 발전하여 각 학교나 단체마다 전국대회를 수없이 제패하는 등 우리나라 최강의 전력을 갖추게 되었다. 또한 용인에서 유일하게 전통 풍물의 명맥을 이어 오고 있는 백암농악은 독특한 판제와 양식으로 용인을 상징하는 대표적인 웃다리 풍물이다. 백암 백중장은 농업 생산 방법의 변화로 40여 년 전에 중단되었다가 2011년 '백암 지역 문화제 발굴 보전위원회'를 중심으로 백암 백중장이 복원12)되어 2011년 제1회 행사를 여러 가지 사정으로 10월 29일과 30일에 가진 후, 2012년 제2회 행사는 9월 1일과 2일 백중일에 가졌다. 축제가 화려하지는 않지만 백암면 주민들 스스로 복원하였다는 데 많은 의의가 있다고 본다.

백중문화제는 '백암장터 가는 날'이라는 주제를 가지고 지역의 특성을 살리려 하고 있다. 백암면 백암장터에서 이틀 동안 진행한다. 2012년 제2회 백중문화제에서는 축제를 알리는 길놀이를 시작으로 비나리, 백암 백중장사 씨름대회, 용인현감행차, 지경 다지기 시연, 줄타기, 농악 등의 전통 행사와 실버합창, 에어로빅, 어린이 밸리댄스, 마술, 한국춤 구경가기, 경기민요, 국악한마당, 색소폰 콘서트, 음악회, 요가, 모바스 하모

---

12) 2011년 백암면 주민들이 백중놀이를 오늘에 되살려 마을 공동체 문화를 회복하고, 지역 경제 활성화를 꾀한다는 취지로 백암지역문화제발굴보전위원회를 결성하였다. 이후 학술 세미나와 주민 공청회를 개최하고, 그해 10월 29일부터 30일까지 제1회 백암 백중문화제를 개최하였다.

니카 앙상블, 녹야 국악현악단 정기공연, 찾아가는 예술무대, 청소년 밴드, 가야금 병창 및 국악가요, 합기도 시범 등의 무대 공연 행사, 백중가요제 등의 주민 참여 행사, 순대기네스, 널뛰기, 떡메치기, 캐리커처, 도자기 체험, 빵뛰기, 사진전, 페이스페인팅, 풍선아트, 시민과 함께하는 동네씨름 등의 각종 체험 행사로 진행하였다. 2012년 2회 백중문화제 행사 내용은 다음과 같다.[13]

요일	주제	행사 내용
9월 1일	영원한 삶터	길놀이, 비나리, 전통 민속 공연, 한국춤 공연, 용인현감행차, 지경다지기 시연, 명창공연, 줄타기, 국악한마당, 관내 초중고 학생 300명이 참여하는 독도 플래시몹, 에어로빅, 밸리댄스, 백암백중 장사씨름대회, 색소폰콘서트, 가을맞이 백중음악회 등
9월 2일	도약	전통 농악과 모자스 하모니카 앙상블, 국악 관현악단 공연, 한국무용 공연, 가야금 병창, 합기도 시범, 백암백중씨름대회(결선), 백암순대 기네스대회, 순대 공짤로 빨리 먹기, 백암 백중 가요제 등

4. 용인시 오일장 풍경과 전통시장 활성화 노력

1) 용인시 오일장 풍경

용인시 관내 오일장이 열리는 장터에 이르는 길은 곡식 자루나 닭, 달걀, 채소 등등 평소에 애써 기르고 생산한 것들을 머리에 이거나 등에

---

[13] 2013년 제3회 백암 백중문화제는 8월 25일과 26일 양일간 개최될 예정이다.

지고, 혹은 소나 마차를 끌고 나오는 사람들로 북적거렸다. 지금은 신문이나 라디오를 통해, 또는 텔레비전이나 인터넷 등을 통해 어느 오일장이든 쉽게 접근할 수 있고, 세상 돌아가는 뉴스도 시시각각 알 수 있는 세상이다. 그러나 옛날의 용인 오일장은 물건을 사고파는 것은 물론, 세상물정을 알고 새로운 소식을 전해 들으며 알리는 역할도 중요했다. 곧 정보를 교환하는 마당이요 여론을 형성하는 터전이기도 했던 것이다.

① 오일장 중매

오랜만에 만나는 이웃마을의 친구나 건넛마을의 사돈을 만나면 으레 주막에서 막걸리 한 잔으로 목을 축이며 안사돈의 안부에서 시작해서 기르는 송아지의 상태까지 꼬치꼬치 이야기하게 된다. 그러다 보면 어느새 과년한 사돈처녀의 중매도 이루어지고 남편 잃은 과부의 재취자리가 성사되기도 하였다.

② 오일장 싸움구경

오일장날이면 어김없이 어디선가 싸움판이 벌어져 많은 사람들의 구경거리가 되어 주었다. 물건 값을 흥정하다 싸움이 난 경우도 많았지만, 아침부터 들이붓는 막걸리가 주범인 경우가 많았다. 싸움판이 벌어지면 눈 깜짝할 사이에 사람들이 빙 둘러싸고 구경을 하는데, 심지어는 어느 한쪽을 응원하는 풍경도 벌어졌다. 그러나 장마당에서 시작된 싸움은 장마당에서 끝나는 경우가 다반사여서, 언제 그랬느냐는 듯 툭툭 털고 일어나 함께 어깨동무하고 주막에 들어가 다시 한 잔 걸치고 각자 집으로 돌아가면 그만이었다.

③ 오일장 장국밥

　장날이면 사람들이 가장 많이 드나드는 곳이 해장국집이었다. 그 중에도 선지해장국이 인기였는데, 백암장의 경우는 순대국이 유명하였다. 장터에 도착하면 허기가 지니 발길은 자연스레 선짓국집이나 순대국집으로 향하게 된다. 순대국에는 으레 막걸리를 곁들이게 되고, 더러는 어제 먹은 속풀이를 하다가 아예 또 한 판 벌이게 되는 경우도 있었다. 장꾼들 또한 목 좋은 자리를 차지하게 위해 이른 새벽부터 부지런을 떤 터라 해장국으로 요기부터 해야만 하루를 견딜 수 있었다. 더러 전장(前場)에서 허탕이라도 쳤다면 아침부터 막걸리에 취하기도 했다. 이러한 해장국집들은 대폿집으로 더 많이 불렸는데, 술이라야 막걸리가 전부였다. 커다란 대접에 막걸리 한 대접을 들이키면 저절로 배가 불러 왔고, 안주야 김치쪽이나 왕소금이 전부였으나, 어쩌다 돼지비계라도 얻어먹는 날이면 그날은 정말로 운수 좋은 날이 되곤 하였다.

④ 오일장 마수걸이와 떨이

　장사꾼들의 대부분은 마수걸이라고 해서 첫 번째로 물건을 사는 손님에게는 값도 많이 깎아 주고 인심도 후하게 썼다. 첫 손님을 놓치면 하루 종일 장사가 안 된다고 하는 속설 때문이었다. 하루해가 서산으로 기울면 떨이의 폭이 점점 후해지는 것 또한 장날이 아니면 찾아보기 어려운 추억이다. 아예 저녁을 일찌감치 먹고 파장 무렵 장을 보러 나오는 경우도 있었으니, 많은 물건을 떨이에 싸게 살 수 있는 장점이 있었기 때문이다.

⑤ 오일장 쓰리꾼

　용인 지역에서 가장 큰 돈은 뭐니 뭐니 해도 황소를 판매한 돈이었다. 아들의 대학 등록금이나 딸의 혼수로 쓰기 위해 힘들게 기른 소를 장에 끌고 나와 판 뒤, 모처럼 마신 몇 잔의 막걸리 때문에 거리나 차 안에서 '쓰리꾼'이라고 불리는 소매치기들한테 '쓰리'를 당했다면 넋이 나가지 않은 게 이상한 일일 터이다. 그렇듯 장날이면 넋이 나간 표정으로 장터를 헤매는 사람을 심심치 않게 볼 수 있을 정도로 쓰리꾼들이 득시글거리는 곳이 또한 장터였다. 이러다 보니 소 판 돈을 전대를 만들어 허리춤에 차고 가거나, 아예 가족이나 이웃을 대동하고 나오는 등 안전에 대한 방책 또한 생기게 되었다.

⑥ 용인장 사길이

　용인장에는 '사길'이라고 불리는 푸줏간주인이 있었는데, "사길이, 고기 한 근 썰어라."고 하면 저울눈금이 바들바들 떨 정도로 박하게 주고, "김주사, 고기 한 근 주시오." 하면 두 근은 됨직하게 썰어 저울눈도 보지 않고 주었다고 한다. 박하게 한 근 산 사람이 "똑같은 한 근인데 내 것은 왜 적으냐?"고 따지자, "그것은 사길이한테 산 거구요, 저것은 김주사한테 산 거예요." 하고 퉁명스럽게 대꾸했다고 한다.

⑦ 오일장 싸전

　백암이나 원삼의 벼는 품질이 좋기로 유명해 멀리 수원이나 광혜원에서까지 장사치들이 찾아들었다고 한다. 또, 당시에는 장에 갈 때 으레 돈보다 쌀이나 여러 가지 곡식을 가지고 가는 경우가 많았다. 이때

쌀을 시장이나 장사꾼에게 팔아넘길 때는 "쌀을 산다"고 했고 시장이나 장사꾼으로부터 쌀을 사서 집으로 가져올 때는 "쌀을 팔아 온다"라고 표현했다.

⑧ 오일장 고무신 수선

장터에는 고무신이나 장화를 때우는 사람도 있었다. 사람들이 많이 다니는 시장 어귀에 자리를 잡고 앉아 고무신의 찢어진 부위를 깁고 다시 고무풀을 바른 뒤 생고무를 덧붙여서 불에 달군 기계 위에 압착시켜 때우는 방식이었다. 어쩌다가 너무 오래 누를라치면 고무 타는 냄새가 사방으로 진동하기도 하였다.

⑨ 오일장 약장사

지네와 같은 한약재를 파는 장사꾼이 오면 음담패설에 가까운 구수한 입담이 사람들을 사로잡았다. 사람들이 빙 둘러서면 과장된 약효를 자랑하며 만병통치약으로 선전하는 것이 일반적이었다. 가끔씩 애들은 들어서는 안 되니 집에 가라는 말도 양념처럼 곁들인다. 양잿물을 파는 장사꾼도 있었다. 양잿물은 길쭉길쭉하고 눈처럼 하얀 덩어리로, 집게로 덜어서 팔았다. 양잿물을 넣어 빨래를 삶으면 때가 잘 져서 많이들 사용했다.

⑩ 오일장 엿장사

엿장사가 들려주는 구수한 장타령도 인기였다. 하얀 엿은 어린애들의 구미를 당기기에 충분했으며, 엿에 묻은 흰 가루는 집에서 만들었던 엿의 콩가루와 달라서 신선한 기분이 들기도 했다. 어른들은 엿치기를 했는데, 엿을 부러뜨려 구멍이 큰 엿을 내미는 사람이 이기는 내기였다. 구멍이 비슷하면 서로 자기 것이 크다고 우기다가 지나쳐서 주먹다짐까지 가기도 하고, 계속하다 엿장수 좋은 일만 시키는 경우도 다반사였다.

⑪ 명절 대목장

추석이나 설 전에 특별히 서는 장을 대목장이라고 하는데, 이때는 추석이나 설 차례 상에 올릴 제수를 장만하기 때문에 평소에 사지 않던 고기나 생선 등도 아울러 사야 한다. 장날이 대목장과 겹치기라도 하는 날이면 집에 가는 버스를 타지 못할 정도로 사람들이 붐볐다. 특히 설날 밑의 대목장에는 후추를 갈아서 파는 장사도 있었다. 지금은 후춧가루가 흔하여 기본적인 양념의 하나가 되었지만, 옛날에는 설날에 떡국에나 조금씩 뿌리는 진귀한 양념이었다. 워낙 비싸고 귀하다 보니 가짜도 있어서 이를 진짜라고 증명하기 위해 통후추를 즉석에서 갈아 주기도 하였다.[14]

2) 용인시 전통시장 활성화 노력

1990년대 이후 급속하게 도시화되고 인구가 급증하면서 용인의 오일장 역시 많은 변화를 보이고 있다. 용인장의 경우 상인들이 계속 증가하여 금학천을 따라 역북동 초입까지 이어지고 있으며, 사라졌던 모현장이나 송전장·원삼장 등이 일부 다시 서고 있다. 백암장 역시 전통을 지켜가면서 지속적으로 규모가 커지고 있다. 수요가 있는 곳에 공급이 따르듯, 이는 용인 관내에 인구가 집중하면서 생긴 자연스러운 현상으로, 과

---

[14] 「디지털용인문화대전」 '도심 속에 간직된 추억들, 용인의 재래시장' 항목을 요약 정리함.

거의 오일장과는 많이 다르겠지만 새로운 형태로 자리 잡을 것으로 보인다. 또한 모든 세대가 오일장에 대한 같은 추억을 간직하고 있지는 않겠지만, 일반적으로 사람들에게 오일장이 아름다운 추억으로 간직되고 있는 것만은 분명한 것 같다. 그런 의미에서 용인 지역의 오일장은 또 다른 모습으로 진화해 갈 것이고, 옛 오일장은 추억으로 남을 것이다.[15]

시설 낙후, 편의시설 부족, 급변하는 소비패턴 대응 부족 등은 기존 전통시장의 고질적인 경쟁력 저하 요인으로 꼽히고 있다. 이에 전통시장은 시설 현대화 및 특화시장 변모 등을 통해 소비자들의 요구를 충족시키고, 그들에게 한 발 더 다가서기 위해 끊임없는 노력을 펼치고 있다. 2000년 정부의 재래시장활성화대책 수립에 따라 중소기업청은 소비자가 찾는 전통시장을 만들기 위해 지난 2002년부터 지난해까지 총 2조 1천억 원을 전국 835개 시장에 투입, 아케이드와 주차장, 화장실을 건설하고 진입로를 재정비 하는 등 시설현대화를 이끌었다. 또 2005년부터 2010년까지 총 1천 800여억 원을 투입, 정보화·마케팅 기법, 상인의식 개선 등 총 19만 명에게 전통시장 경영개선을 위한 교육을 병행하고 있다.

경기도 역시 2002년부터 현재까지 도내 전통시장의 시설현대화와 경영혁신, 특화사업 등을 위해 도비와 국비, 시군비, 시장 자부담 등을 포함해 총 2천 280여억 원을 320개(중복수치) 전통시장에 투입했다. 이를 통해 총 241개 시장에 대해 전기·가시·소방시설·주차장 리모델링 등의 시설현대화를 유도했으며 63개 시장은 경영혁신 지원을 지원했다. 특히 16개 시장은 1시장 1대학 자매결연 사업을 통해 관내 대학과 연결, 대학은 컨설팅을 지원하고 시장은 현장실무와 실습장으로서의 교육환경을

---

[15] 「디지털용인문화대전」 참조.

제공하는 특화시장으로 육성했다.

경기도는 중소기업청 등과 함께 실시하고 있는 시설현대화 및 경영혁신지원 등의 전통시장 활성화 사업 외에 자체 특화사업을 펼치고 있다. 이는 특화여건이 우수한 시장을 중심으로 '선택과 집중' 원칙을 적용, 상품 및 서비스개선, 마케팅, 디자인 등 소프트 측면을 지원하겠다는 것이다. 경기도의 특화사업은 1시장 1대학 사업으로 상인회 조직이 활발해 사업추진의지와 참여도가 높고, 지역별·시장별 강점이 있어 사업추진 시 상권과 활성화가 예상되는 전통시장을 대상으로 추진됐다. 즉, 대학은 전통시장 활성화를 위해 전문 지식과 아이디어 등의 컨설팅을 지원하고, 시장은 대학과 대학생들의 현장실무·실습장으로서의 교육환경을 제공해 상호 윈-윈 할 수 있는 기틀을 다지겠다는 것이다.

지난 2008년을 시작된 이 사업을 통해 대학과 연결된 곳은 총 13개 시장이다. 2008년에는 안양 남부시장과 성결대, 용인 중앙시장과 명지대가 각각 연결됐으며, 2009년에는 화성 사강시장-경희대, 수원 팔달시장-아주대, 수원 영동시장-경기대, 이천 사기막골시장-단국대, 양평 재래시장-협성대가 각각 자매결연을 체결했다. 2010년에는 수원 역전시장-장안대, 부천 역곡북부시장-가톨릭대, 평택 송북시장-평택대, 시흥 삼미시장-한국산업기술대, 군포 산본시장-한세대 등 5개 시장이 관내 대학과 연결돼 특화시장으로의 변화를 꾀했다. 이를 통해 안양 중앙시장은 곱창로, 용인 중앙시장은 순대타운, 화성 사강시장은 회전문타운, 수원 영동시장은 전통한복 특화공간, 이천 사기막골 시장은 도자기 전문, 수원 역전시장은 패션존, 군포 산본시장은 먹거리 타운 등 타 시장과 구별되는 특화시장으로 탈바꿈 했다.

현재 전통시장에 대한 지원은 상인조직과 지자체 등이 결합하면서 변화하는 사회와 소비자 트렌드에 맞춰 구조적인 진화를 이루고 있는 등 분명한 효과를 거두고 있다. 물론 긍정적인 측면과 부정적인 측면이 동시에 존재 한다. 시설현대화와 경영혁신 등을 통해 전통시장의 자생력을 키웠다는 점이 긍정적인 측면이며, 부정적인 시각은 각 시장의 특성과 장점을 고려하지 않은 획일적인 지원으로 효율성을 거두지 못하고 있다는 부분이다. 단, 부정적인 측면에도 분명히 긍정적인 면이 함께 존재한다. 최소한 전통시장의 쇠퇴시기를 늦췄다는 것. 하지만 상인들은 미약한 조직력과 리더십 부재, 경영마인드 부재 및 경영기법의 전근대성, 마케팅 능력부족, 고객서비스 전략 부재, 유통환경 및 소비 트렌드 변화에 대한 대응 부족, 규모의 영세화 및 시설 노후화 등이 종합적으로 반영되며 다시 무력감에 빠져있다.[16]

 이러한 입장에서 새롭게 제기되는 것이 '현대화 된 시장'을 문화의 공간으로 탈바꿈하려는 노력이다. 이는 전통시장이 지니고 있던 '멋'과 '흥', '정', '맛' 등을 현대화 된 시장에 맞게 새롭게 재구성하는 것이기도 하다. 전통시장에 문화가 있는 쉼터[복합문화시설]를 만들고, 시장길 투어[시장문화해설사 운영], 테마장터 운영, 마케팅 쿠폰 사용, 지역 동아리와 연계한 공연 및 전시, 공예상품 개발, 특화 음식 개발, 상인 동아리 운영 및 상인 예술단 조직, 전통시장 방송국 운영, 지역축제 연계를 통한 활성화 등 전통시장을 생활친화형 문화공간 또는 문화친화형 생활공간으로 지역주민들에게 다가가려 한다. 이와 같은 전통시장의 문화 공간화에 있어서 무엇보다 중요한 것은 앞에서 정리한 용인 전통시장 및 오일장에 얽힌 상인들과 이용자들의 추억과 기억을 조사하는 것이다. 그리고 조사한

---

16)『경기신문』2011년 6월 16일자 참조.

추억과 기억을 용인 전통시장과 오일장에 어떻게 펼쳐 놓는가에 성공 여부가 달려 있다.

참고문헌

「디지털용인문화대전」.
『경기신문』 2011년 6월 16일자.
용인군지편찬위원회, 『용인군지』, 1990.
용인문화원 향토문화연구소, 『백암면지』, 2006.
용인시사편찬위원회, 『용인시사』, 2006.

제1부

용인장 사람들과
용인장 이야기

1. 용인시장의 삶, 허선욱 할머니

김정은

포목점을 찾아서

5월 30일 월요일 오전, 할머니와의 면담을 위해 용인시장으로 나섰다. 용인시장은 마침 장날이라 사람들로 북적거렸다. 여기저기 물건을 사고파는 사람들로 시장은 활기를 띠고 있었다. 냇가를 따라 정겨운 시장 길을 구경하다 보니 생선을 팔고 있던 노점상 뒤로 한적하게 자리 잡은 포목점을 찾을 수 있었다. "어서 와요. 어서 와." 포목점 안에 들어서자 너무나도 반갑게 할머니 한 분이 우리를 맞이해 주신다. 바로 50년 전통의 용인시장 포목점 주인, 허선욱 할머니이시다. 허선욱 할머니께서는 용인시장에서 50년이 넘게 포목점을 하셨다. 할머니의 포목점은 용인시장에서 가장 역사가 오래된 상포[1]가게다. 지금은 연로하시어

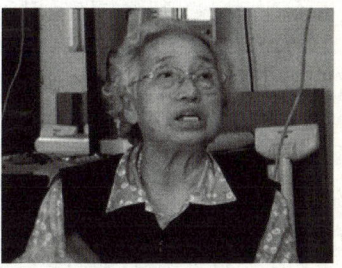

허선욱 할머니

---

[1] 초상 때 쓰는 포목.

주로 노인회분들이 마실 차 오가는 곳이지만 바로 몇 년 전만해도 이 곳은 매일 옷을 해가려는 사람들로 북적거렸다.

할머니의 어린 시절

할머니는 용인에서만 60년을 살았다. 그러나 처음 태어난 곳은 용인이 아닌 근처 광주이다. 할머니께서는 경기도 광주시 초월면 쌍동리 돌골에서 태어나고 자랐다. 돌골이라는 말은 마을에 돌이 하도 많아서 그렇게 불렸다. 할머니는 유년시절을 유복하게 자랐다. 돈에 구애 받지 않았다. 딸만 둘이었으나 언니는 시집을 가 아이 셋을 낳고 바로 사망했다. 그래서 할머니는 더욱 귀한 딸이 되었다. 할머니는 빨래도 해본 적이 없고 그냥 편안하게 수를 놓으며 어린 시절을 보냈다. 할머니가 외롭게 자라 그런지 동네에 언니라고 부르며 잘 따라 다녔던 분이 있었다. 한번은 그 분의 집이 가난하여 밥을 짓지 못하자 몰래 쌀을 퍼다 준적도 있었다. 이처럼 할머니는 어렸을 때부터 심성이 고왔다.

할머니가 초등학교를 다녔던 일제강점기에는 일본어로 교육을 받았다. 구구단도 일본어로 외웠다. 가타카나, 히라가나를 붓글씨로 쓸 때면 늘 100점을 받곤 했다. 옛날에는 주로 붓으로 글씨를 많이 썼는데 지금은 학교에서 붓글씨를 쓰지 않는다고 할머니는 안타까워하셨다. 또, 그 당시에는 학교에서 일본어를 주로 썼는데, 붓글씨로 일본어를 쓰는 건 물론이고 말도 일본말을 안 하면 그날 청소당번이 되었다.

조선말을 한 마디만 하면 반장이 슬슬 적어요. 아무개가 조선말 했다. 그 애는 종례시간에 명단에 불려 오늘 넌 청소다 이거야.

용인으로 오는 길

할머니가 용인시장에 완전히 터를 잡기까지의 여정은 험난했다. 할머니는 8·15 광복이 되던 해 17살 나이로 경기도 오포면 양벌리로 시집을 갔다. 그리고 스무 살에 드디어 용인으로 와 철물장사를 시작했다. 철물장사를 한지 3년, 이제 안정이 되어갈 무렵 6·25 전쟁이 일어났다. 고난의 시작이었다.

더운 여름, 할머니는 스물셋에 낳은 첫 아이와 함께 외당숙들이 있는 삼박골[2]로 피난을 가셨다. 그런데 그 곳에 먼저 손님으로 와있던 아이가 백일기침[3]을 하는 것이다. 백일기침은 금방 전염이 되는 병이라 걱정이 되었지만 어떻게 할 수가 없어 할머니는 불안한 마음으로 그곳에 머무르게 되었다. 그러다 1·4 후퇴 때 남편이 군대를 가게 되어 할머니는 혼자가 되었다. 그 때가 할머니의 큰 딸이 8개월이었고, 뱃속에는 새 생명이 자라나고 있었다. 그렇게 외로이 생활하던 중 할머니의 어머님께서 오셔서 중국 놈들이 오면 임신한 사람을 다 죽인다고 하니 어서 피하라고 말씀하셨다. 할머니는 그 끔찍한 말을 듣고 이웃사람을 쫓아 30리 정도 되는 대전 근처 신탄진까지 갔다.

신탄진에는 아는 사람이 없어 곤란했는데 고맙게도 어느 집에서 같은 허씨라고 와서 지내라고 했다. 그래서 함께 피난민들과 거기서 머무르게 되었다. 한 동안 잘 지내는 듯싶었지만 일행 중 8, 9살 되는 애가 저녁에

---

[2] 용인시 마평동에 딸린 자연마을.
[3] 경련성의 기침을 일으키는 어린이의 급성 전염병. 3~6세의 어린이들이 잘 걸리며 특히 겨울부터 봄에 걸쳐 유행하는 전염성이 강한 병으로 경과가 백 일 가까이 걸린다.

오줌을 싸곤 해서 결국 그 집에서 쫓겨나고 말았다. 갈 곳 없는 처지가 되고 만 것이다. 그러나 인정 많은 주인아저씨는 하천으로 난 큰 길에 큰 마누라가 사니 가서 있으라고 말해주셨다. 다행히 그 집 아래 윗방을 쓰게 되었고 거기서 딸을 무사히 낳게 되었다. 아이를 낳기 전에 오포 사람이 왔기에 할머니는 친정에 편지를 한 장 썼다. 애기가 나올 달이 됐는데 아무것도 없다고 소식을 보내자 할머니의 아버님이 이불과 포대기 등을 한 보따리 지고 오셨다.

그 후에 신탄진에서 광주로 집을 옮기려 했지만 당시 광주에 전염병이 퍼져서 가지 못했다. 다른 사촌 집으로 가 있었던 중 드디어 남편이 휴가를 나왔다. 얼마만의 만남인지…. 할머니와 할아버지는 오랜만의 재회에 기쁨의 눈물을 흘렸다. 이렇게 고난에 고난을 거쳐 피난을 갔다오니 원래의 집은 폭격을 당해서 웅덩이가 되어버렸다. 할머니가 지금 사는 집은 일본사람 집이었는데 값이 싸서 머무른 것이 계기가 되어 이 터에서 60년을 살게 되었다.[4] 이제야 본격적인 용인에서의 삶이 시작된 것이다.

포목점을 하기까지

허선욱 할머니는 열일곱에 결혼했다. 시집 온 지 3년 만에 용인으로 살림[5]을 나와 남편과 함께 철물장사를 시작했다. 자물통, 호미, 곡괭이

---

4) 해방 후 일본인들이 물러간 뒤 남겨놓고 간 집이나 건물을 적산가옥이라 하는데, 국내의 적산가옥은 해방 후 일반인에게 대부분 값 싸게 불하(拂下) 되었다.
5) 한 집안을 이루어 살아가는 일.

등 도구들을 파는 철물장사를 전쟁 이후에도 얼마 동안 계속했다. 그러나 철물장사는 무거운 물건들이 많아 할머니가 하기엔 너무 힘들었다. 그러던 중 그 당시 남편의 지인이 포목장사를 하는 걸 보고 바로 이것을 해야겠다고 생각했다. 무거운 철물에 비하면 옷감은 얼마나 가벼운가. 포목점으로 바꾸겠다고 결심하고 남편은 서울 동대문에서 지인과 동업을 시작했다. 그러나 금방 끝나버리고 말았다. 동업을 한 사람이 돈과 물건 모두를 다 갖고 도망가 버린 것이다. 결국 남은 건 빚과 물건 조금. 남편은 다시 용인으로 돌아왔다.

　남편은 외장을 다니기 시작했다. 장차[6]에 물건을 가득 싣고 사람들을 그 위에 태우고 다녔다. 몇 해를 눈이 오나 비가 오나 용인장 다음에 백암장, 백암장 다음에 이천장, 이천장 다음에 광주장, 광주장 다음에 다시 용인장. 이렇게 네 군데로 돌면서 외장을 다니셨다. 남편은 외장을 다니고 할머니는 용인시장에 남아 포목장사를 했다. 이렇게 시작한 포목장사는 할머니와 남편의 성실함과 노력으로 금방 용인시장에서 가장 유명한 포목점이 되었다. 용인시장에 있었던 포목점은 네 곳이었는데 그 중에서도 할머니의 포목점이 가장 잘 되었으며 아직까지도 그 명성을 유지하고 있다. 할머니가 용인시장과 함께 한 지 60년. 할머니는 오늘도 용인시장 속에서 하루를 시작한다.

포목점의 일상

　포목점의 일과는 보통 6시부터 시작하여 밤 11시까지 계속된다. 6시에

---

[6] 물건을 팔기 위해 사용하는 봉고차를 '장차'라고 허선욱 할머니께서 말씀하셨다. 60년대부터 할머니께선 장사를 하기 위한 봉고차를 가지고 계셨다.

일어나서 문을 열고 포목을 진열하면서 손님 맞을 준비를 한다. 보통 6시부터 9시까지는 포목점에 아이들로 가득하다. 용인초등학교에 다니는 아이들이 학교에서 지정한 옷을 사갔기 때문이다. 아이들은 가정시간에 쓸 옷감도 끊어 가곤 했다.

수의를 보여주시는 허선욱 할머니

옛날 초등학교는 한 반에 60명씩 되었기 때문에 할머니는 그 많은 아이들이 다 쓸 만큼 옷감을 가져다 찢어 팔아야만 했다. 그리고 아이들이 그냥 아이들인가. 빨리 달라고 아우성을 치니까 급할 적에는 가새[7]를 가지고 한 번 옷감을 튼 후 손으로 '북' 소리 나게 찢어주니 할머니의 손목이 남아나지 않았다.

아이들이 돌아가면 이제야 포목점다운 물품을 팔기 시작한다. 할머니가 포목점에서 팔았던 옷들은 요즘엔 보기 힘든 전통 옷들에 가깝다. 여성들이 입는 속바지나 어깨허리[8], 긴치마를 만들었고, 아이들이 입는 주름치마도 만들었다. 그 중에도 어깨허리와 수의는 가게에서 가장 잘나가는 품목이었다. 특히 20~30년 전부터는 수의를 엄청 만드셨다. 우리가 할머니네 포목점을 방문하기 바로 전날에도 이곳에서 수의를 한 벌 맞춰

---

[7] 가위의 방언(경기, 경상, 전라, 충청). 가위를 방언으로 '가새'라 말씀하시는 할머니의 모습이 정겨워 표준말로 수정하지 않았다.

[8] 어깨에 걸치는 끈을 달아서 뒤로 여며 입는 치마의 맨 위 허리에 둘러서 댄 부분.

간 분이 있었다. 할머
니는 우리에게 수의를
실제로 보여주셨는데
직접 본 수의는 머리
싸개부터 손톱과 발톱
을 보관하는 주머니까
지 있어서 실제 장례
장면을 떠올리게 했
다. 인터뷰 도중 장례
회사에 근무하고 있는

색동저고리를 보여주는 할머니

분이 수의에 대해 문의하기 위해 찾아왔다. 그 분은 할머니께 수의에 대해 이러쿵저러쿵 설명하기 시작했다. 그러자 옆에 계시던 할머니의 친구분은 "얘기도 하지 말아요. 다 아는 거니까"라고 하시면서 허선욱 할머니가 전문가라고 자랑스럽게 말씀하셨다. 허선욱 할머니도 뒤이어 "내가 수의 장사를 4, 50년 했어요. 그 장사를 했어"라며 말씀하시는데 그 속에서 할머니의 수의에 대한 자부심이 자연스레 묻어 나왔다. 할머니의 수의는 단연코 용인 근방에서 으뜸가는 수의인 듯했다.

할머니는 수의뿐만 아니라 여러 가지 포목점의 물품들을 보여주셨다. 아기포대기를 만드는 옷감부터 오래된 재봉틀까지 신기한 것투성이였다. 창가 쪽의 재봉틀은 발로 밟아 사용하는 것으로 아직도 할머니께서 쓰신다고 하신다. 보여주신 물품들 중에도 아이들 입는 한복이 있었는데 그 색이 너무 고왔다. 우리는 누군가 분명 사가지 않을까? 하고 생각했지만 할머니는 고개를 저으셨다. "요즘은 사가는 사람이 없어. 그냥 이렇게 있는데 너무도 아까워."

포목점 장사는 여름이 비수기이다. 봄과 가을은 결혼의 계절이니까 혼수를 위해 많이 찾는다. 혼수로 신랑 바지저고리, 두루마기까지 모두 파셨다. 또, 겨울은 솜이불이 잘 팔린다. 여름철 서너 달 덜 팔리는 것을 제외하면 포목점은 언제나 성수기이다. 할머니네 포목점 장사가 잘 된 이유 중 하나는 할머니의 성실함 때문이다. 허선욱 할머니의 포목점은 일 년 열두 달 쉬는 날이 하루도 없다. 비가 오나 눈이 오나 포목점은 언제나 열려있다. 만약 할머니께서 어디를 가시더라도 남편과 함께 운영하니 포목점은 명절 때도 쉬지 않는다.

도둑 이야기

할머니네 포목점은 거의 모든 용인사람이 이용했기 때문에 항상 손님이 많았다. 이렇게 장사가 잘 되는 가게에 도둑 한두 명 안 들었을 리 없다. 실제로 할머니네 포목점에도 도둑들이 많이 들어왔었다. 할머니께선 우리에게 몇몇 기억에 남는 도둑 이야기를 해주었다.

어느 날, 할머니의 남편께서 고스톱을 굉장히 좋아해 이웃아주머니 두 분 그리고 조카사위와 함께 가게 방에서 고스톱을 치고 있었다. 할머니는 안방에서 아이와 함께 잤는데, 한 시쯤 문을 열어보니 도둑이 다녀간 흔적이 있었다. 각목을 훔쳐간 것이다. 마침 각목을 매고 달아나는 도둑의 모습을 본 형사의 부인이 신고를 해서 도둑을 잡을 수 있었다. 할머님은 그 당시 왜 가볍고 돈이 되는 양단조끼를 안 가져가고 무거운 각목을 훔치려 했는지 이해가 가지 않았지만 조금 지나고 나서 그 당시 나라에서 공사 일을 시키고 각목을 줬던 것이 생각났다. 도둑은 각목을 훔쳐가 공사 일을 했다는 증거를 마련하려던 것이었다. 또, 한번은 가게 방문을 열어두고 자는데, 무언가 보여 남편을 깨웠다. 그런데 도둑이 보따리를 들고 막 뛰어나가는 것이다. 남편이 "도둑놈아 그거 두고 가!"라고 소리치니 도둑이 보따리를 철로 쪽에 놓고 간 적도 있었다.

어떤 재미있는 도둑은 남편이 쫓아 뛰니까 앞에 가면서 "도둑이요, 도둑이요"하기도 했다. 할아버지가 "야 이 도둑놈아. 네가 도둑이지 누가 도둑이냐"하고 뛰었지만 너무 재빠른 탓에 잡을 수는 없었다. 그렇게 여러 번 도둑이 왔었다. 낮에 보니까 장사가 잘 되어서 저녁에 들어오는 것 같다고 할머니께서 말씀하셨다. 그러나 할머니의 포목점에 드는 도둑은 요즘 도둑과는 달리 무섭기는커녕 허술하고 엉뚱한 도둑들이 많았다. 요즘 세상이 옛날보다 더 각박해져 도둑도 더욱 잔인해지는 것일까.

사기꾼 이야기

포목점에는 도둑만 들어온 게 아니다. 사기꾼도 있었다. 어느 날, 어떤 남자가 와서 베와 광목 몇 필하고 베 트는 기계를 주문했다. 물건을 모두 묶어서 준비해 두었지만 남자는 찾으러 오지 않았다. 언제 오나 하고 기다리던 중 소문을 들어보니 그 사람이 사기꾼이었다는 것을 알았다. 주문한 후, 어디로 가지고 오라 해서 갖다 놓으면 물건만 가지고 가려는 속셈이었다.

한번은 혼자 앉아있는데 양복을 입은 신사가 오더니 "아줌마 내가 군청 과장인데, 나도 아직 결혼을 안 했지만 내 여동생을 먼저 시집을 보내려고 해요" 하며 혼수를 주문하려고 한다며 동생에게 전화를 하는데 동생이 전화를 받지 않았다. 한참을 어떻게 하나 하고 고민하더니 돈은 걱정 말고 동생이 하자는 대로 해달라고 부탁했다. 그리고 저기 가서 뭐 좀 사가지고 올게 있다고 3만 원을 꿔 달라고 했다. 할머니는 군청 과장이라고 하니 그냥 덜컥 믿고 돈을 줘버렸다. 그러나 양복 입은 신사는 다시 돌아오지 않았다. 돈만 가지고 내뺀 것이다.

또, 이번엔 어떤 여자에게 전화가 왔다. 상포를 하겠다고 주문하면서 돈은 걱정 말고 가장 좋은 물건으로 보내달라고 했다. 당시 상포는 가게에서 이윤이 많이 남는 품목이었다. 여자는 먼저 사람을 보내겠다고 말했고 곧 어떤 남자가 찾아왔다. 당시 일을 돕는 사람하고 같이 상포를 만들고 있었는데 남자가 잠시 나갔다 오더니 "할머니들 잡수세요" 하면서 참을 사다 줬다. 그리곤 갑자기 남자가 "아줌마! 아줌마, 나 저기 가서 뭐 좀 사가지고 오게 5만 원만 꿔주세요" 하는 것이다. 할머니는 돈을 일단 건네주었지만 뭔가 이상했다. 그래서 뭘 사는지 물어봤더니 부식을 사려고 한다는 것이다. 부식가게가 마침 바로 옆에 있었는데 남자는 굳이 다른 데서 사겠다며 나가버렸다. 할머니는 의심이 생겨 쫓아 뛰어가며 소리를 질렀다. 남자는 놀라서 돈을 길바닥에 버리고 도망가 버렸다.

할머니는 웃으시면서 추억을 이야기하듯 말해주셨다. 이제 할머니에게 사기꾼이야기는 기분 나쁜 사건이 아니라 웃을 수 있는 추억이 된 것이다.

용인시장과 나라굿

예전 용인시장은 포목점 근처인 새 장터와 한국전쟁 때, 폭격으로 웅덩이가 돼버린 할머니의 옛 집 근처인 구 장터로 나누어진다. 지금의 순대골목이 있는 곳이 싸전[9]이었으며, 쌀이나 국수 같은 먹거리를 팔았다. 신발 같은 물건도 쭉 늘어놓고 팔곤 했다. 옛날에 시장은 시장이라는 이름만 있었을 뿐 지금처럼 크지도 활발하지도 않았다. 그렇던 것이 한국전쟁 후 얼마 지나지 않아 곧 활기를 띠었다.

요즘은 과거에 비해 사람이 굉장히 많이 다닌다. 장날이면 할머니가게 앞부터 연세대 병원이 있는 곳까지 장을 펴놓고 있어 자전거도 못 다닐 정도다. 그만큼 오가는 손님이 정말 많다. 할머니네 가게 앞에도 장날이면 잡곡장사 등 여러 가지 노점상이 들어선다. 장이 서면 같은 품목을 파는 노점들이 많이 들어오고 거리가 혼잡하기 때문에 용인시장 상인의 대부분은 장이 서는 것을 그리 달가워하지 않는다. 그러나 허선욱 할머니는 포목을 하시기 때문에 큰 불만은 없으시다. 용인에서 포목점은 4집이 있었는데 두 곳이 없어지고 현재는 2군데만 남아있다.

예전 용인시장의 축제에 대해 여쭈어봤더니 할머니께서 예전부터 용인시장에서 팔월 보름날이면 양력 나라굿[10]을 한다고 말씀해주셨다. 용인에서 나라굿은 처음에 초등학교에서 하다 중학교도 했다가 지금은 공설운동장에서 한다. 돼지를 한 댓 마리씩 잡아서 크게 하는 행사이다. 이 행사를 하면서 씨름과 그네뛰기 같은 놀이도 벌어졌는데 할머니는 60년 동안 장사하시느라 가보지 못했다고 한다.

어머니의 삶

노년에 들어 허선욱 할머니의 포목점 주인으로서의 삶은 점차 사라지

---

9) 쌀과 그 밖의 곡식을 파는 가게.
10) 나라(왕조)의 주문에 의해 행하던 굿. 해마다 정월대보름을 전후하여 나라의 태평과 백성의 평안을 비는 굿으로 나라무당에 의하여 각 지방별로 벌어졌다.

고 있지만, 어머니로서의 삶은 여전히 끝이 없다. 허선욱 할머니는 슬하에 2남 7녀를 두셨는데 자녀분들은 모두 할머니의 노력과 성실함에 보답이라도 한 듯 각자의 길을 열심히 가고 있다. 특히, 셋째 따님은 상명사대를 졸업하고 교수가 되었는데, 할머니께서 가장 자랑스럽게 생각하신다.

둘째인 지금 큰 딸[11])은 피란[12])가서 낳게 되었기 때문에 이름이 피란으로 지었다고 하신다. 할머니의 자녀들은 모두 다 용인초등학교를 다녔다. 셋째 딸하고 아들들만 서울에서 초등학교를 마쳤다. 대체로 할머니의 자녀분들은 용인보다는 서울에서 많이 배운 편이다. 둘째 딸, 셋째 딸도 서울에서 고등학교를 나왔고 용인주변 학교를 나온 분들은 3명 정도 밖에 없다. 할머니는 자녀분들의 교육을 위해 많은 노력을 했다. 어려운 시절 자녀분들을 위해 이렇게 서울에 학교를 보내신 것은 매우 큰일이었을 텐데, 그 만큼 할머니의 교육열은 대단했다.

할머니는 평소에 너무 바쁘셔서 자녀들이 용인시장 바로 옆 초등학교를 다닐 때조차 자녀들 운동회나 졸업식에도 가보지 못했다. 자녀의 행사에 가본 것은 셋째 딸이 상명사대를 졸업할 때 한 번 참석한 것이 전부이다. 매일 장사를 하고 가게를 지켜야 하기 때문에 바로 옆에서 운동회를 해도 가보질 못했다. 엄마가 안 오면 섭섭할 만도 할 텐데 할머니의 자녀분들은 할머니의 마음을 이해한 것인지 그런 티를 한 번도 낸 적이 없다고 했다.

이처럼 할머니는 장사가 너무 바빠 자녀들을 손수 챙겨줄 수가 없어서

---

[11]) 할머니는 첫 아이를 잃었기 때문에 지금의 큰 딸이 사실 둘째가 된다. 자세히 여쭈고 싶었으나 녹화 내내 할머니께선 그 이야기에 대한 말씀을 줄이셨다. 우리도 더 이상 여쭙지 못하였다.
[12]) '피난'과 혼용되어 쓰이나 '피란'은 전쟁에만 한정된 의미로 쓰인다.

아이들을 위해 사람을 두었다. 일하는 사람이 집안일을 다 해주지만 그래도 할머니는 아이들의 자립심을 위해 학교 다녀오면 작은 일은 스스로 할 수 있도록 꼭 집안청소 당번을 세웠다. 할머니네 자녀분들은 할머니를 곧잘 도와드리곤 했다. 특히, 할머니의 큰 딸은 가정과를 나와서 바느질을 잘 했기 때문에 포목점 일에 많은 도움이 되었다.

할머님의 자녀들은 여느 아이들처럼 그리 장난치고 험히 노는 편은 아니었다. 그래도 맛있는 간식의 유혹에는 지고 말았다. 한 번은 할머니가 감을 다락에 넣어두었더니 아이들이 촛불을 켜고 감을 먹으러 다락에 올라갔다. 할머니는 불을 낼 수 있는 위험한 행동이라고 혼을 냈지만 틈만 나면 어느새 아이들은 또 다락에 올라가 있었다고 한다. 지금도 자녀들은 그 이야기를 하며 추억에 빠지곤 한다고 하신다. 감을 살짝 만져봐 말랑한 것을 고른 뒤 먹으면 그렇게 맛있었다고….

경로당 회장 허선욱 할머니, 꺼지지 않는 포목점의 불

용인시장에 터를 잡은 지 어언 60년, 세월이 흘러 현재 할머니께서는 용인시장 노인회 회장직을 맡고 있다. 보통 노인회는 마을단위로 있곤 하는데, 용인시장은 역사가 오래된 탓에 연륜이 있으신 상인들도 많아 용인시장만의 노인회가 따로 형성되어있다. 현재 회원은 30명 정도로 적지 않은 규모이다. 처음, 노인회는 경로당의 의미보단 간단한 친목회로 시작했다. 이 친목회에서는 매년 야유회를 갖기도 하지만 주로 서로 만나 이야기를 나눈다. 그런데, 이 친목회를 이어가기엔 많은 인원이 마땅히 쉴 곳이 없었다. 그래서 할머니께서 손수 나서 친목회 비용으로 방을 하나 얻었다. 얼마 후, 시장 내에서 경로당을 세운다는 이야기가 돌았다.

그 이야기를 들은 할머니는 통장에게 경로당을 지금의 친목회로 대체하는 것이 어떠냐고 제안했다. 그리고 그것이 받아들여져서 지금의 경로당이 된 것이다. 경로당은 어르신들이 편히 지낼 만하게 공간이 충분히 크고 김치 냉장고 등 없는 것이 없다. 경로당에 가면 노인 분들이 고스톱 치시는 모습을 볼 수 있을 것이다.

지금도 포목점을 하시지만 할머니는 지금 시대에는 포목이 맞지 않다고 하신다.

> 이제는 포목장사가 시세가 없어요. 포목장사가 시세가 있다면 지금도 할 수 있죠. 며느리도 있고. 그런데 뭐든지 물자가 흔해서…. 먹는 장사도 흔하지. 옷장사도 흔하지. 그렇기 때문에 지금은 특이하게 유행되는 것도 없고 그런 거 같아요.

할머니의 말씀대로 할머니네 포목점은 점점 손님이 줄어들고 그 대신 노인회분들로 가득하다. 요즘 할머니의 하루는 가게에 남은 물건을 팔거나 노인회분들과 담화를 하시는 것이 전부이다. 예전엔 상상도 못 하던 삶이다. 그러나 여전히 전통이 깊은 포목점인지라 많은 이들이 그 명성을 기억하고 있다. 용인시장 허선욱 할머니의 포목점에는 할머니가 일궈낸 전통과 용인시장의 역사가 숨 쉬고 있다. 포목점의 손님은 줄었지만 아직도 찾아오는 사람이 있는 한 할머니의 포목점 불은 꺼지지 않는다. 허선욱 할머니는 오늘도 용인시장에서 하루를 시작하고 있다.

2. 용인시장의 장승[1], 금창현 사장

우초롱·정윤아

어느 따스한 오후, 학교 수업이 끝나고 우리는 교수님과 함께 용인중앙시장에 갔다. 시장을 간단히 둘러본 후 상인회에 들러 상인회 회장님과 시장이야기를 나눴다. 우리가 용인 중앙시장을 조사한다고 하자 회장님은 바로 현대리빙샵의 금창현 사장님을 추천해 주었다. 그렇게 그와의 인연이 시작되었다.

금창현 사장

햇살이 환하게 내리쬐던 어느 주말! 우리는 그와의 인터뷰를 위해 다시 용인 중앙 시장을 찾았다. 그날따라 유난히 날씨가 더 좋은 것이 좋은 느낌이 들었다. 용인 중앙시장에서 2대째 그릇가게를 운영하고 있는 그

---

[1] 장승: 한국의 마을 또는 절 입구, 길가에 세운 사람 머리 모양의 기둥이다. 장승은 여러 가지 기능이 있지만 여기서는 마을의 수호신 역할을 하는 장승의 기능을 생각하여 장승이라는 용어를 사용하였다. 시장 한 쪽에 자리하여 몇 십년간 꿋꿋이 시장을 지키며, 시장의 변화모습을 지켜본 금창현 사장님의 모습이 옛날 마을을 지키던 장승과 닮았기 때문이다.

는 현대리빙샵의 사장이다. 그의 아버지가 1950년대 초반에 시작한 그릇 장사를 금창현 사장이 물려받아 약 60여 년간 그 자리를 지키고 있는 것이다. 처음에는 집 앞에 가판을 펴 놓고 장사를 시작한 것이 지금에 이르렀다.

아버지, 그릇 장사 시작!

 현대리빙샵의 시작은 아버지로부터 비롯되었다. 1921년 그는 용인의 한 농가에서 막내아들로 태어나, 형들과 함께 가족농사를 도왔다. 하지만 위에 형제들이 많은 탓에 그에게까지 가업을 이어받을 기회가 오지는 못했다. 그 후, 그는 함경남도 흥남에 있는 비료공장에 들어가 인부일을 시작했다. 그러다 회사에서 요구한 호적등분을 떼기 위해 잠시 고향에 내려오게 되었다. 그 당시 흥남에서 용인까지 내려오는 길은 쉽지 않았다. 장장 한 달이 더 걸리는 고된 길이었다. 그는 어렵사리 고향에 온 김에 농사일도 도와주며 용인에 잠시 머물렀다. 그런데 교통이 안 좋은 것이 그에게는 행운이 되었다. 고향에 머물고 있는 사이에 해방이 되고 38선이 생긴 것이다. 그는 천운에 의해 북의 흥남이 아닌, 고향 용인에서 가족과 함께 있을 수 있었다. 그때가 해방 된 지 얼마 안 된 1953년이었다.
 더 이상 흥남에서 인부일을 할 수 없게 된 아버지는 고향에서 고물을 모아 생계를 이어 갔다. 고물을 수집하는 일은 다행히 예전에 하던 일이었다. 그래서 직장을 잃은 후부터는 본격적으로 고물을 모으는 일에 집중했다. 그렇게 고물을 모아 그릇으로 다시 만들어 파는 일을 했는데, 이것이 바로 현대리빙샵의 시작이다.
 50년대의 그릇 가게 모습은 가게라고 할 것도 없었다. 일반 가정집 길에 가판을 깔고 그 위에 물건 몇 개를 놓고 팔았을 뿐이다. 파는 물건의 개수뿐만 아니라 종류도 다양하지 않았다. 숟가락, 양은냄비, 고무 다라[2] 등을 몇 개씩만 놓고 파는 정도였다. 파는 물건도 조촐했고, 점포도 칸막이로 구획만 대충 구별만 해둔 모습이었다. 단출한 모습이지만, 이것이 그 무렵 용인시장 대부분의 가게 모습이다. 시간이 지나면서 용인시장의 모습도 변하기 시작했다. 구색을 갖춘 새로운 건물들이 시장 곳곳에 새로 들어섰다. 그러나 모든 건물이 한꺼번에 새로 지어진 것은 아니었다. 용인시장에는 한옥 집 같은 옛날 건물들도 아직 많이 남아있어, 새 건물과 옛 건물이 공존했다. 그런 용인시장의 모습은 그야말로 뒤죽박죽, 어수선 그 자체였다고 한다. 지금처럼 깨끗하지도 않고, 열악한 환경이었지만 오히려 그런 모습들이 재래시장의 맛을 더해주었던 것이 아닐까.

 단출했던 현대리빙샵의 모습도 점차 변해갔다. 파는 물건의 종류도 다양해지고 건물도 좋아졌다. 옛날에는 가게 문도 없어 겨울엔 찬바람에 벌벌 떨며 장사를 했지만 1985년 새 건물을 짓고 부터는 차가운 겨울바람에 손이 얼 걱정을 하지 않아도 되었다. 건물을 짓고 나서 현대리빙샵은 수차례 리모델링을 거쳐 지금은 번듯한 가게의 모습을 하고 있다. 예나 지금이나 가게의 위치나 크기가 그대로라는 것을 믿기 힘들 정도다. 가게가 2대째 그 자리를 지킬 수 있었던 것은 50년 동안 그릇 장사를 해온 아버지가 있었기 때문이다. 낡은 고물을 모으는 것부터 시작해서 현재의 현대리빙샵이 있기 까지, 아버지는 묵묵히 그릇 장사를 해왔다. 한 번도 다른 직종으로 일을 바꾸지도 않고, 꾀를 내어 장사를 하지도 않았다. 그렇게 큰돈을 벌지는 못했지만, 늘 성실하게 매일 아침이면 가게 문을

---

[2] 다라 : 대야.

열어 장사할 준비를 했다.

　성실하게 가게를 운영하던 아버지였지만 그렇다고 일에만 매일 매달려 있는 것은 아니었다. 금창현 사장은 시장에서 일어난 아버지와의 재밌는 이야기를 들려주었다. 일이 바쁜 장날, 여느 때와 같이 어머니와 함께 아버지 일을 도와주러 가게에 갔었다. 그날따라 건너편 가게 아저씨가 아버지에게 같이 막걸리 한잔만 하러 가자고 보채었다. 아버지께선 결국 못이긴 척 건너편 아저씨를 따라 나갔다. 그렇게 5분이 된다며 약주하러 가신 아버지는 30분, 40분이 지나도 오지 않았다. 그런데 아버지가 자리를 비운 시간동안 손님이 들이 닥치는 바람에 큰일이 났다. 당시 그와 어머니는 물건의 가격도 제대로 모를 뿐만 아니라, 손님이 찾는 물건이 어디에 있는지도 몰랐기 때문이다. 그런데 자꾸만 빨리 팔라고 재촉하는 손님들 때문에 어머니와 금창현 사장은 어쩔 줄을 모르며, 빨리 아버지가 가게로 돌아오기만을 기다렸었다고 한다. 한시도 자리를 비울 수 없을 만큼 바빴던 옛 장날에서만 생길 수 있는 추억이었다. 당시 소년 금창현에게는 아찔했던 경험이었겠지만, 시간이 지난 지금은 웃으며 말할 수 있는 아버지와의 재미난 추억이 되었다. 그 날의 이야기를 해주는 금창현 사장의 얼굴에는 활기찬 옛 장날의 모습이 느껴지는 듯, 웃음꽃이 피어있었다. 지금의 용인시장에서 옛 장날의 모습을 찾기 어려워졌지만, 금창현 사장의 이야기를 들으면서 시간을 거슬러 활력이 넘쳤던 옛 장날을 함께 느낄 수 있었다.

　금창현 사장은 아버지를 회상하며 그 당시의 대다수 아버지들이 권위적인 것과는 다르게 다정하고 친절한 '좋은 아빠'라고 했다. 그 당시 가족들이 수원에서 살았기에 아버지는 장사를 하러 수원에서 용인까지 매일 버스를 타고 다녀야 했다. 그때만 해도 수원에서 용인까지 약 2시간 정도 걸렸다. 타이어가 펑크라도 나는 날엔 더 오래 걸렸다.[3] 그래서 아버지는 출퇴근이 힘들어 가게가 위치한 용인으로 이사를 가려고 했다. 그러나 어린마음에 친구들과 헤어지기 싫었던 자식들은 이사를 반대하자 아버지는 이사 가기를 포기했다. 본인을 희생한 것이다. 사장님은 그때를 회상하며 "다른 아버지 같았으면 '나를 따르라'라며 그냥 이사를 했을 텐데, 우리 아버지께서는 출퇴근 시간이 오래 걸려 힘드실 텐데도 자식들이 원하지 않자 이사를 포기하셨어요"라며 아버지께 감사한 마음을 내비쳤다.

아버지의 자상한 면은 이뿐만이 아니다. 그는 1년 365일, 장사를 마치고 집에 올 때 항상 아이들의 간식거리를 사 들고 왔다. 그리고 아이들이 맛있게 먹는 모습을 보며 흐뭇하게 웃곤 했다고 한다. 그런 아버지의 다정함은 얼마 전까지도 계속 되었다. 지금은 건강이 안 좋아 져서 누워 계시지만, 10년 전까지는 아들에게 일을 물려준 뒤인데도 아침 일찍 일어나 가게 문을 열어 주며 아들의 장사를 도와주었다. 그렇게 매일 수원에서 용인으로 오가며 그가 아침부터 장사를 시작할 수 있게 했던 힘은 무엇일까. 아버지에게 그 힘의 원동력은 바로 가족이 아니었을까? 한 없이 다정한 아버지의 모습은 금창현 사장에게도 자연히 귀감이 되었다. 묵묵히 가족을 위해 장사를 나가시는 아버지를 본 금창현 사장은 어느새 그 모습과 닮아가고 있었다.

금창현 사장 또래의 아버지들이 대부분 과묵하고 보수적인 것과 달리, 그는 가족과 함께 소풍을 가거나 공연을 보러 가는 등 자녀들과 자주 어울리고 친구처럼 소통하며 살고 있다. 아버지의 권력이라는 거실 리모

---

[3] 그 당시 도로는 대부분 비포장도로라서 타이어가 펑크 나는 일이 자주 있었다.

콘 또한 아이들에게 웃으며 양보한다고 한다. 자식들과 친구처럼 지내며 행복해 하는 모습이 정말 보기 좋았다. 그의 이야기를 통해 알게 된 아버지는 그 시대의 대부분의 권위적인 아버지들과는 확실히 달랐다. 아이들의 의견을 존중해주는 다정한 부모님 밑에서 자라서 그런지 금창현 사장 또한 배려심 깊은 다정한 아버지였다. 가족이야기를 하며 행복해하는 사장님을 보면서, 좋은 아버지 밑에서 자란 금창현 사장의 자식들도 훗날 아버지와 같은 좋은 부모가 될 것이라는 생각이 들었다.

소년 금창현과 용인시장

금창현 사장은 1955년 수원 팔달로에서 태어났다. 유년시절에 대해 묻자 제일 먼저 몸이 약했던 이야기를 해주었다. 선천적으로 허약한 체질이었던 그는 어렸을 때부터 자주 아팠다. 한밤중에 부모님이 아픈 그를 등에 업고 병원 문을 두드리며 "우리 아이 좀 살려주세요!" 라고 했던 기억이 아직도 생생하다고 한다. 그래서 부모님은 항상 아픈 아들을 걱정했다. 그 당시에는 장남을 더 선호하는 분위기였는데 그는 몸이 약한 데다가 장남이었다. 부모님은 자연히 병약한 아들을 항상 먼저 챙겨줄 수밖에 없었다. 계란 프라이 등 맛있는 음식을 하면 가장 먼저 먹게 했고, 발을 닦거나 세수를 할 때도 동생들이 대야에 물을 담아 오면 방에 앉아서 씻었다고 한다. 그는 어릴 때에는 그게 당연한 것 인줄 알았지만, 나이가 들고 돌이켜 생각해 보니 동생들에게 미안한 마음이 들었다. 그래서 성인이 되어서는 좋은 형, 좋은 오빠가 되어주기 위해 동생들을 많이 챙기려고 노력하며 살고 있다.

1987년 용인으로 이사 오기 전까지 그는 계속 수원에서 살았다. 어린 시절엔 주로 친구들과 뛰어다니며 놀았다. 그 당시에는 마땅한 놀이거리가 없었기 때문에 주로 동네에서 뛰노는 것이 대부분이었다. 놀이거리라고는 자치기를 한다거나 공을 차며 노는 것이 전부였다. 그는 종종 수원 남문에 가서 놀았는데 지금은 문화재로 지정된 곳이지만 당시에는 별다른 제재 없이 자유롭게 놀 수 있었다. 요즘 아이들이 대부분 컴퓨터 게임을 하며 노는 것과는 많이 다른 모습이다. 그리고 종종 마차를 얻어 타며 놀기도 했다. 마차는 그 당시의 운송수단이었다. 지금의 택시와 비슷하게 대기하고 있는 마차를 순서대로 탔고, 이사도 모두 마차로 했다. 어린 시절 그가 살았던 동네에 마부가 살고 있었다. 어린 금창현은 마차를 타고 싶어 마부 아저씨의 집 근처에 가서 어슬렁거리곤 했는데 그러면 종종 마부 아저씨의 아들이 마차를 태워주었다. 그 당시 동네 아이들은 모두 마차를 타고 싶어 했기 때문에 모두들 마부 아저씨의 아들에게 잘 보여서 마차를 얻어 타려고 했다. 그는 마부집 아들의 예쁨을 많이 받아서 마차를 자주 얻어 탔다. 지금과 너무 다른 그 당시의 모습을 상상하며 '이런 시절도 있었구나!'라고 생각했다.

그렇게 주로 수원에서 지냈지만 장이 서는 날에는 아버지를 따라 용인시장에 가곤 했다. 전국 각지에서 온 사람들로 용인시장 안은 북적거렸다. 그는 장서는 날이면 시장통이 많은 사람들로 북적여서 정신이 하나도 없었을 정도였다고 회상했다. 장날에는 양지, 포곡 등에서 사람들이 몰려 왔는데 그 덕에 시장 안은 모든 소식들이 다 모이는 곳이었다. 시장에서 나온 이야기를 각자 마을에 전했고 그 바람에 장날에 시장에서 들은 소식들은 일파만파 퍼졌다. 용인시장은 마을의 소식을 전해주는 공간이었다. 어린 금창현은 장서는 날 시장에 가는 것을 좋아했다. 용인시장에 가면 맛있는 것을 사먹을 수 있었기 때문이다. 가게일을 돕다가 아버지께서 맛있는 것 사먹고 오라고 돈을 주면 그 돈을 들고 가서 맛있는 음식을 사먹었다. 지금은 없어졌지만, 그때에는 시장 중간에 용강옥이라는 자장면 집이 있어서 그곳에 가서 자장면을 먹곤 했다. 그 당시에는 자장면이 1년에 한, 두 번 먹는 귀한 음식이어서 자장면을 먹은 다음날이면 학교에 가서 아이들에게 "나 어제 자장면 먹었다~" 자랑을 했다고 한다. 그러면 아이들이 20, 30명씩 몰려와 자장면 먹은 이야기를 들었다.

소년 금창현에게 먹는 것 말고는 싸움을 구경하는 것이 '시장에 가는 재미'였다. 장날 용인시장은 전국 각지에서 모여든 사람들로 정신이 없었다. 갓을 쓰고 온 사람들도 있었고, 막걸리를 먹는 사람도 있었다. 다양한 사람들이 모여 시장이 온통 북적거렸다. 사람이 많다보니 싸움도 많았다. 장사시샘으로 싸우기도 하고, 소비자와 상인 간의 싸움도 있었다. 그 당시에는 손님과 상인 사이에서 물건 값을 흥정하다가 일어나는 싸움이 가장 흔했다. 살 물건을 다 골라놓고서도 마지막 돈 몇 푼 때문에 손님과 상인 간에 다시 시비가 붙곤 했다. 손님은 한 푼이 아쉬워 흥정을 하다 통하지 않아 결국 나가려 하고, 상인은 물건을 이것저것 다 꺼내보고서는 사지 않고 떠나는 손님이 얄미웠던 것이다. 말은 싸움이지만 서로의 절박함 때문에 일어난 일이고, 이 또한 재래시장에서만 볼 수 있었던 사람 사는 냄새가 물씬 풍기는 장서는 날의 풍경이었다.

사람 구경 외에는 뱀장수 구경도 재밌었다. 뱀장수가 "애들은 가라~ 애들은 가라~"라고 해도 가지 않고, 숨어서 몰래 구경했다. 장날에만 볼 수 있었던 뱀 장사는 신기한 구경거리인 것이다. "애들은 가라~애들은 가라~"라는 말이 그의 말초신경을 자극해서 아직까지도 그 기억이 생생하다며 즐거운 표정으로 과거 시장에 놀러갔던 이야기들을 들려주었다.

어린 아이의 눈으로 본 재래시장은 얼마나 재밌는 곳이었을까! 그렇게 옛날 시장에 놀러갔던 이야기를 들려주다 금창현 사장은 사람 냄새가 사라진 지금의 시장이 안타깝다며 근심 섞인 말을 내뱉었다. 그는 그때의 용인시장을 회상하며 "그 때는 진짜 재래시장다운 모습이었어요. 여기저기 싸움이 일어나 시끌벅적 했지만, 지금 생각해 보면 그때의 시장이 인간의 참모습을 담고 있었던 것 같아요"라며 한숨을 쉬었다. 그 때 그의 슬픈 표정에서 현재 시장의 참담한 상황이 보여 함께 안타까웠다.

청년 금창현. 가업을 잇다!

원래 금창현 사장은 장사에 관심도 소질도 없었다. 그래서 어릴 때에는 "나는 커서 절대로 장사 안 할 거야"라고 했다. 어릴 때 아버지를 돕기 위해 가끔 시장에 오곤 했는데, 그 때 장사에 소질이 없음을 깨닫게 되는 사건이 일어났다. 어느 날 한 여자와 남자가 와서 한 물건을 고르더니 가격 흥정을 했다. 그때 청년 금창현 사장은 흥정은 절대 안 된다며 제 값에만 팔려고 했는데, 그것을 보던 앞집 철물점 아들이 와서 금창현을 나무라며 시범을 보여줬다. 철물점 아들은 그 손님들을 보고는 새살림을 장만하기위해 온 손님이라는 것을 한눈에 파악하여, 그 물건을 손님이 원하는 값에 해주는 한편, 손님이 고른 다른 물건에 아까 손해 본 만큼의 가격을 더해서 물건을 팔았다. 그렇게 금전적 손해도 보지 않고, 물건도 많이 팔고, 손님도 기분 좋게 사갔던 것이다. 이 사건을 겪으며 그는 "자신은 정말 장사에 소질이 없고, 장사는 철물점 아들 같이 소질이 있는 사람이 해야 하는 거다"라고 생각했다.

하지만 1970년대에 들어서면서, 호황기를 맞아 가게가 너무 바빠서 장사를 도울 수밖에 없었다. 그 당시 용인에는 중소 규모의 공장들이 많이 생겨났는데 그 덕에 용인재래시장은 호황을 누렸다. 타지에서 많은 사람들이 공장에 일을 하기 위해 몰려왔다. 그들은 살림살이를 사기 위해 인근 용인시장에 많이 왔다. 이렇게 용인에 인구가 많아지자 식당들이 저마다 식기들이 부족했다. 특히 인부들의 식사를 맡은 식당에서는 그릇이나 수저를 50~100개씩을 한꺼번에 주문했다. 그 당시만 해도 마트가 없었고, 지금처럼 시장 내 가게도 많지 않아서 장사가 잘 되었다. 그렇게 틈틈이 아버지 일을 돕던 것이 1981년 결혼을 기점으로 본격적으로 그릇장사의 길에 들어서게 되었다. 그 전에는 다른 직장을 다니고 있었지만 2, 3달 정도 일하다가 그만 둘 수밖에 없었다. 빠듯한 직장일은 그에게 너무나 힘든 일이었기 때문이다. 또한 다니던 직장 봉급이 그릇장사 수입에 비해 적기도 했고, 장남으로서 연로하신 아버지를 도와야 한다고 생각한 것이 그릇장사의 길로 들어서는 데 한몫했다. 그렇게 그는 어릴 때부터 좋아하던 역사공부도 뒤로하고 아버지를 도와 그릇 장사의 길로 들어서게 되었다.

  본격적으로 그릇 장사를 하게 되면서 아버지와 수원에서 용인까지 버스로 출퇴근을 했다. 그런데 교통이 불편해서 1987년에 용인으로 이사를 하게 되었다. 용인으로 이사를 오면서 사장님의 부인도 장사에 동참하게 되었다. 그때에는 장사가 너무 잘 돼서 밥 먹을 시간이 없을 정도로 바빴던 시기였다. 그렇게 시장의 전성기가 도래하였다. 1986년부터 1995년 전까지 약 십년동안 시장의 최고 전성기였다. 사장님은 "나같이 게으른 베짱이 같은 사람도 열심히 안 할 수 없는 때였어요. 계속 손님이 오니깐"라고 그때를 기억 했다. 그때는 몰랐지만 지금 같이 썰렁한 시장을 보면 그 때는 돈을 쓸어 담는 셈이었다고 한다. 당시 용인시장에 사람들이

그릇가게 외관

그릇가게 내부 모습

얼마나 많이 다녔는지를 알 수 있는 이야기였다.

 옛날에는 학교에 도시락을 싸 갔기 때문에 찬바람이 불 즈음엔 보온도시락을 하루에 20~30개씩 팔곤 했었다. 게다가 옛날엔 환갑잔치나 돌잔치 등을 하려면 시장이 꼭 필요 했던 시기였다. 시장 외에는 물건을 살 만한 곳이 없었기에 잔치에 필요한 모든 물건들을 시장에서 사간 것이다. 옛날에는 뷔페식당처럼 잔치를 대행해 주는 곳이 없어서, 직접 집에서 음식을 준비했기 때문에 각 집마다 그릇, 숟가락 등을 몇 십 개씩 사가야 했다. 1986, 1987년 즈음에는 장사가 너무 잘 돼서 가게의 수입이 그 당시 공무원의 월급의 약 3배가 될 정도였다고 한다. 그야말로 시장의 전성기였다. 그래서 그 때에는 공무원 친구를 보면 '그거 받고 어떻게 사나'하는 말이 저절로 나오곤 했었다. 하지만 지금은 상황이 완전히 역전 되어버렸다. 학생들 도시락도 급식으로 바뀌었고 잔치도 대부분 뷔페식당에서 하게 되면서 점차 시장을 찾는 발길이 줄어만 갔다. 더구나 용인시장 주변으로는 상가마다 대형마트가 들어섰다. 그렇게 용인시장에서 사람들의 발소리는 사라져갔고 지금은 침체된 분위기만 감돌고 있다.

재래시장의 침체와 변화

　1995년 이후에도 장사는 그럭저럭 되었다. 그러나 IMF가 닥치며 장사에 타격이 왔다. 게다가 주변에 대형마트 등이 생기면서 재래시장은 더욱 침체되었다. 하지만 IMF 때보다 지금이 더 손님을 보기 힘들 정도로 현재 용인중앙시장은 커다란 위기를 맞았다. 현재 용인중앙 시장의 상황을 IMF 시절과 비교해보면 그때가 오히려 시장에 더 활기가 있었다. 지금은 IMF 이후로 장기화된 불경기 속에서 대형마트에 밀려 용인중앙시장은 갈수록 침체되고 있다. 재래시장은 대형마트들에 비해 서비스, 시설, 가격 등 여러 가지 면에서 경쟁력이 떨어진다. 이 때문에 요즘의 젊은 세대들 대부분은 편리한 백화점이나 대형 할인마트를 찾는다. 재래시장이 새로운 고객을 확보한다는 것은 어려운 일이 되었다. 또한 예부터 재래시장을 찾아오던 단골손님들도 이제는 나이가 들어 시장에 오는 횟수가 줄어들었다. 시간이 지날수록 재래시장에서 손님을 보기가 힘들어지고 있다. 이미 단골손님들 중 일부는 세상을 떠난 사람들도 있고, 편리한 대형 할인마트로 옮겨간 사람도 대다수다. 이렇게 단골손님부터 줄어들자 예부터 며느리 손을 붙잡고 시장을 찾았던 손님의 대물림이 끊겨 버렸다.

　옛날 시절만 해도 자식들에게 장사를 맡김으로써 재래시장의 세대갈이를 할 수 있었다. 그러나 장기화 된 불경기 속에서 상인들은 더 이상 자식들에게 가게를 물려줄 수도 없게 되었다. 이 때문에 시간이 지날수록 시장의 상인들이 더욱 고령화 되고 있다. 연료해진 상인들은 불경기 속에서 좀처럼 새로운 시도를 하지 못한 채 현상유지하기에 급급하다. 시장이 호황기였던 시절 모은 돈으로 이미 자식들을 모두 키워냈기에 지금은 그 시절의 절박함은 사라졌다. 게다가 계속되는 불황으로 의욕마저 저하되었다. 이 때문에 재래시장은 다양한 행사와 할인을 진행하는 주위의 대형 상권과는 경쟁자체가 되지 못하고 있다. 하지만 경기가 어렵다고해서 용인시장 상인들이 마냥 손만 놓고 있던 것은 아니었다. 2000년도를 기점으로 용인중앙시장에도 변화의 바람이 불었다. 특히 낙후된 시설을 현대화하는 작업이 활발히 진행되어 시장의 외관이 많이 변했다. 비가 오면 손님들이 우산을 쓰고 장을 봐야하는 불편을 없애기 위해 시장에 전면적으로 아케이드 지붕을 설치하였다. 또한 용인중앙시장 내에서 가장 시급한 주차장 문제를 해결하기 위해 용인시장 내에 주차장을 설치했다. 하지만 많은 사람들이 주차장을 이용하자 주차할 공간이 여전히 부족했다. 그래서 상인회가 주차문제 해결에 적극적으로 나섰고 이들의 노력 덕분에 시장 근처에 새로운 주차장 설치를 계획했다. 그 밖에도 여러 가지 용인중앙시장의 현대화 작업들이 계속 이루어지고 있다. 아케이드나 주차장 등 시설적인 것뿐만 아니라 상품권, 다채로운 행사, 재래시장 가는 날 등 다양한 재래시장 살리기의 노력도 이루어지고 있다. 또한 떡골목과 순대골목을 만들어 전부터 지적되던 용인중앙시장 내 먹거리를 강화했다. 이러한 노력으로 비록 옛날 전성기 때에는 미치지 못하지만 점차 재래시장을 찾는 사람들이 생기고 있다. 하지만 재래시장이 침체에서 벗어났다고 말하기에는 턱없이 부족한 실정이다.

  인터뷰 동안 금창현 사장은 아직도 용인중앙시장 내에는 먹거리가 부족하다며 좀 더 다양하고 특화된 먹거리 가게가 더 많아져야 된다고 말했다. 또한 자신들은 나이가 들어 모험을 하기 보다는 현상유지에 급급하다고 한다. 그래서 지금은 장사가 안 되는데도 새로운 시도를 과감하게 하지 못하고 있다. 금창현 사장은 시장 내 젊은 사람들이 많이 들어와 시장에 활기가 생기길 바라고 있다. 젊은 사람들의 과감한 도전정신으로 침체된 용인시장을 살리면 금창현 사장도 이에 동참할 용기가 생길 것 같다고 했다.

시장을 지키는 금창현 사장

재래시장을 오고가던 그 많던 손님들도 지금은 거의 보이지 않고, 함께 일하던 동료 상인들도 대부분 사라졌지만, 금창현 사장은 아버지의 대를 이어 30년이 넘는 세월동안 그 자리를 지키고 있다. 장기화 되고 있는 재래시장의 침체 속에서도 그는 오늘도 묵묵히 가게문을 연다. 이렇게 장사에 남다른 애착이 있는 금사장이지만 사실 그는 장사보다는 역사에 더 관심이 많았던 조용한 사람이다. 우리와의 인터뷰에서도 금창현 사장은 자기처럼 장사에 소질이 없는 사람이 장사꾼이 된 것이나 그런 사람이 2대째 장사를 하는 것이 신기하다고 말했다. 그는 말을 이어서 자신은 정말 장사꾼 기질이 없다고 거듭 말했다. 그러나 그는 우리가 보기에 진정한 장사꾼이다.

그가 진정한 장사꾼임을 보여주는 대표적 일화가 있다. 어느 날 압력밥솥을 사간 지 1년밖에 안 된 손님이 와서 다시 압력밥솥을 사려고 했다. 압력밥솥은 한번 사면 약 5년 정도 사용할 수 있는 것이라 이를 이상하게 여긴 사장님은 손님에게 "왜 밥솥을 다시 사려고 하세요?"라며 이유를 물어봤다. 손님은 "압력 밥솥이 계속 새~"라며 불만을 터트렸다. 이야기를 들은 사장님은 밥솥의 고무 패킹에 문제가 있음을 알게 되었다.

2. 용인시장의 장승, 금창현 사장_ 65

그리고 손님의 밥솥을 고쳐줬다. 그냥 모르는 척했다면 밥솥 하나를 더 팔 수 있었는데도 사장님은 손님의 입장에서 생각했다. 한, 두 푼의 이익을 쫓기보다는 소비자를 먼저 생각했다. 그는 눈앞에 작은 이익을 쫓는 데 소질이 없을지라도 소비자를 생각하는 참 좋은 사람이다. 이것이 바로 그가 진정한 장사꾼임을 증명하는 일화가 아닐까? 또한 금창현 사장은 아무런 이익도 되지 않는 우리와의 면담에 가게 문까지 닫으며 적극적으로 면담에 응해주었다. 인터뷰가 진행되는 동안 그는 자신의 삶과 경험이 담긴 이야기를 우리에게 나누어주는 데 주저함이 없었다.

  흘러가는 대로 살다보니 장사꾼이 되었다고 말하는 겸손한 금창현 사장. 그는 '나이에 맞는 삶'을 살려고 한다고 했다. 그래서 값이 싸서 이윤을 많이 낼 수 있는 그릇보다는 조금 비싸더라도 질이 좋은 그릇들을 들여와 판다. 소비자를 먼저 생각하는 장사를 하는 금창현 사장은 단순한 장사꾼이 아닌 진정한 장사꾼이다. 또한 시장 주위에 대형마트가 들어서는 어려움에도 아버지가 운영했던 그릇가게의 위치, 그 규모도 그대로 변함없이 가업을 지켜가는 것을 보면 그는 참 뚝심 있는 장사꾼이다. 그렇게 그가 묵묵히 가게를 지켜낸 시간만큼 용인재래시장에 대한 그의 애정 또한 나날이 깊어진 것 같다. 금창현 사장은 시장이 나이가 들어감에 따라 자신도 의욕이 떨어지지만 차마 떠날 수 없어 계속 장사를 이어나가며 시장을 지키고 있다. 그는 젊은 사람들이 재래시장에 들어와야 침체된 재래시장이 다시 활기를 되찾을 수 있다고 말한다. 젊은 사람들이 가지고 있는 에너지와 시장 상인들의 경험이 합쳐져 변화될 용인시장을 꿈꾸며 금창현 사장은 오늘도 현대리빙샵의 문을 활짝 열고 손님 맞을 준비를 한다.

3. 용인시장 지킴이, 전 상인회 박노인 회장

정서윤

　용인시장은 우리나라에 이제 몇 남지 않은 전통시장이다. 일제 강점기부터 심장부 역할을 해온 용인시장에는 현재 700개가 넘는 점포와 2천명이 넘는 사람들이 이곳을 삶의 터전으로 살아가고 있다. 용인시장에는 용인 전통시장과 용인 오일장이 공존하고 있다. 장날인 5일마다 노점상들이 들어서서, 평소 용인시장보다 더 활성화 된다. 물류유통과 대형 마트의 등장으로 재래시장이 위협받고 있는 지금, 우리 삶에 중요한 역할을 해왔던 시장을 다시보고 싶다. 용인시장의 위기를 극복하고 지켜왔던 전 상인회 박노인 회장을 만나 이야기를 들어보았다. 박노인 회장의 사무실은 용인시장 안에 있다. 우리는 그를 만나기 위해, 용인시장 안 골목의 사무실을 찾아갔다. 몹시 바쁘셨는데도 불구하고 우리를 친절하게 맞아주셨다. 용인시장에 대해 말씀을 부탁 드렸는데 해 줄 말이 별로 없다며 쓸 얘기가 있겠냐고 하셨지만, 말씀과 달리 박노인 회장은 우리에게 많은 이야기를 들려 주셨다.

용인시장 지킴이 박노인

박노인 회장은 경상북도 칠곡에서 19XX년 2남 2녀 중 장남으로 태어났다. 그의 고향 칠곡은 대한민국 어디에서나 볼 수 있는 완연한 시골 마을이다. 자연의 순수함, 순박함, 진실함 등이 그의 성격을 결정짓는데 중요한 역할을 했다. 어린 시절 박노인은 '박노인'이라는 이름 때문

용인시장상인회 박노인 전 회장

에 속상한 일이 많이 있었다. "박노인이라는 이름 때문에 힘들었지, 사춘기 때에 애들이 막 놀리고…" 박노인은 사춘기 때 유난히 여자애들이 이름을 가지고 놀리는 것 때문에 많은 스트레스를 받았다. 선생의 아이들도 아버지 이름을 쓸 때 다른 아이들이 볼까봐 몰래 가리고 이름을 썼다. 그러나 어릴 때와는 달리 지금은 이 특이한 이름이 마음에 든다고 하신다. 흔한 이름으로 사람들에게 쉽게 잊히는 것보다 특별한 이름 때문에 기억에 오래 남는 것이 좋지 않겠냐며 웃음을 터뜨렸다.

박노인 회장은 비교적 안정적인 성장과정을 보냈다. 대학교에 처음 입학해 친구들과 시간을 보내다 가끔 통금시간을 넘겨 경찰서에서 잠을 잔적도 있었지만, 큰 어려움이나 사건은 없었다. 행정학과를 졸업하고 삼성에 바로 입사했다. 지금의 에버랜드라고 불리는 용인 자연농원에서 근무하게 되었다. 삼성에서 부인과 만나 결혼하였고, 그 후에 퇴사해 용인에 정착하였다. 의류판매사업을 시작하면서 용인시장과의 긴 인연이 시작되었다.

3. 용인시장 지킴이, 전 상인회 박노인 회장_ 69

1980년 용인시장에서 생활하며 청년회의소라는 사회단체에 가입하게 되었다. 지도역량개발, 지역사회개발, 국제와의 우의증진이라는 목표를 가진 이 단체에서 적극적으로 활동하면서 박노인의 지역사회를 위한 봉사재능이 개발되었다. 그는 10년 동안 지역사회를 위한 활발히 활동했다. 90년대 후반, 용인시장 상인회에서는 박노인에게 상인회장이 되어줄 것을 부탁했다. 그동안 평탄했던 박노인의 삶에 고난과 역경이 시작된 것이다. 박노인이 상인회장으로 선출되고 난 후 상인회가 분열된 것이다. 어떤 오해로 인해서 박노인을 상인회장으로 인정하지 않는 상인들이 탈퇴하여 새로운 상인회를 조직했다. 그러나 박노인 회장은 상인회를 화합시키기 위해 설득과 회유를 계속하였고, 시장을 위해 열심히 일했다. 용인시장이 지금처럼 현대적인 모습을 갖추게 된 것도 상인회장으로서 그의 노력의 결실이다. 결국 박노인을 오해해서 분열된 상인회도 박노인의 노력을 인정하며 다시 화합하였다. 현재 상인회는 어느 때보다 많은 상인들과 회원들이 시장의 권익을 위해 한마음으로 노력하고 있다.

변화하는 용인시장

시장의 현대화는 박노인 회장이 가장 주력한 사업으로 용인시와 중소기업청의 지원을 받아 이루어냈다. 가장 처음 실시한 것은 아케이드 사업이다. 우천시에도 시장을 이용하는 시민들이 불편하지 않도록 비나 눈이 들이치지 않게 시장 골목에 아케이드로 지붕을 덮은 것이다. 시장을 더 좋은 곳으로 변화시키고, 많은 사람들이 시장을 이용하는 데 불편함이 없도록 하며, 시장이 상인들에게 더 좋은 보금자리가 되기 위해서 시작한 사업이었는데, 아케이드 설치 과정에서 해당 지역의 일부 상인들

용인시장 떡골목(좌)과 순대골목(우)

은 장사를 하지 못했다. 장사를 하지 못해 당장 수입이 없자 상인들은 아케이드 설치를 방해하였다. 단편적인 이익만 보고 앞을 내다보지 못하는 상인들의 모습이 안타까웠다. 아케이드 설치 사업 중에 가장 어려운 일이었다. 그러나 우여곡절 끝에 완성된 아케이드는, 이제 시장에서 상인들과 시민들을 든든히 지켜주는 역할을 하고 있다.

 아케이드 설치 사업에 이어 시작한 것이 시장 특화 사업이다. 용인시장은 긴 역사와 많은 점포들을 가지고 있지만, 용인시장만이 내세울 만한 특색은 없었다. 특화사업이란, 용인시장을 보다 더 발전시키기 위해, 용인시장만이 가진 특별함을 강조하여 타 시장과의 차별화를 추구하여 시장을 브랜드화하는 사업이다. 선생이 그 때 생각한 것이 순대골목과

3. 용인시장 지킴이, 전 상인회 박노인 회장 _ 71

떡골목이다. 용인에는 순대로 유명한 백암 지역이 있기 때문에, 백암의 특징을 살린 순대골목을 만들어 특색을 살리고자 하였다. 방앗간은 대형마트에서 볼 수 없는 전통시장만의 특색이다. 이러한 점에 착안해 용인시장에 떡골목을 조성했다. 전통시장만의 특징을 최대한 살린 것이다. 이제는 용인시장하면 순대골목과 떡골목이 자연히 연상될 정도로 이 특화사업은 잘 정착된 것 같다.

전통시장의 특성을 살려 조성된 곳이 순대골목과 떡골목이라면, 용인시장이 전통에만 머물러 있지 않고, 현대화된 도시사회의 필요에 의해 변모하고 있다는 증거가 바로 로데오 거리이다. 로데오 거리는 용인시장이 위치한 지리적 여건 때문에 보다 더 활성화되었다. 현재 용인시장이 있는 김량장동 근처에는 백화점이 없다. 브랜드 상품을 사려면 새롭게 조성된 신시가지인 수지나 분당까지 나가야만 한다. 그러나 로데오 거리가 생기면서 용인시장에도 브랜드 수요층을 위한 변화가 조성되었다. 이 거리가 있기 때문에 시장에는 10대와 20대의 젊은 사람들이 찾아와 시장을 활성화 시키는 데 한 몫 한다. 로데오 거리를 지나다보면, 자연스럽게 전통시장과 연결이 되고, 먹거리 등을 접하다 보면 전통시장 한가운데서 이것저것에 재미있어하는 자신을 발견하게 된다. 더 이상 용인시장은 진부하고 오래된 시장이 아니라 신선한 땀 냄새가 묻어나는 '놀이터'이다.

박노인 회장이 마지막으로 주도한 것은 용인시장의 주차장이다. 현재 5층 건물로 설계된 주차장은 시장을 방문한 장관의 지원을 통해 지어졌다. 장관이 방문했을 때, 주차장이 없어 불편함을 겪었던 것이 동기가 되어 주차장을 지을 수 있도록 지원을 해 준 것이다. 용인시장은 크고 넓은데, 점포들이 빽빽이 들어서 있어 차를 가지고 온 시민들은 시장을 이용하기 너무 불편했다. 그러나 지금은 주차장 덕분에 용인시장을 이용하는 것이 한결 더 편리해졌지만 시장 이용 인구가 늘어나 새로 건축을 준비 중이라고 한다. 주차장건설 사업을 마지막으로, 선생은 상인회장직에서 물러났다. 그러나 아직도 상인회와의 긴밀한 관계를 유지하고 있다. 현 상인회의 고문으로 있는 그는, 여전히 용인시장에 대한 사랑으로 용인시장을 지키고 있다.

용인시장과 용인 오일장

용인시장은 용인 전통시장과 용인 오일장이 공존하며 발전해왔다. 5일마다 열리는 오일장은 이미 그 역사와 전통을 자랑하는 용인의 명물이다. 전국 각지에서 상인들이 몰려와 용인시장에서 장사를 하고, 인근 주민들이 볼거리와 먹거리를 위해 찾아온다. 오일장에는 용인에 사는 사람뿐만이 아니라 타지의 사람들이 와서 즐기기도 한다. 오일장은 즐비하게 늘어선 노점상과 함께 사람들이 즐기는 진정한 시장의 분위기를 풍기는 곳이다.

장날은 우리나라 사람들에게 특별하다. 장날은 단순히 장이 들어서는 날만이 아니라 또 하나의 작은 축제일이다. 장날에는 시장에 가서 군것질을 하고, 많은 사람들이 몰리니 사람 구경도 하며, 평소 시장에서 보지 못했던 물건을 구경하며, 시장을 즐기는 날이 된 것이다. 용인에 사는 사람들에게 있어서 용인 오일장은 당연한 것이며, 없어서는 안 될 것이 되었다.

용인 오일장이 존재한 것은 60년도 넘는다. 김량시장에 따르면 약 1930년부터 수여선[1]이 개통을 할 즈음 오일장이 자리 잡은 것으로 보인다. 그 때에는 용인장이 아니라 김량장으로 불리었다. 김량장의 이름의 유래는, 예전에 '김량'이라는 사람이 처음으로 장을 벌였고, 그 곳에서 나무장사를 하여, 그 이름을 따 김량장으로 불렸다고 한다. 이 무렵에는 교통이 잘 발달되어 있지 않아, 가공품을 파는 상인들은 기차를 타고 이동하였는데, 그렇기 때문에 대부분 유명한 장터는 기차역을 중심으로 발달했다. 이 가공품 상인과 거래를 위해, 농산품을 파는 사람도 그 부근으로 몰렸다. 나중에는 많은 사람들이 모임에 따라 하천을 끼고 술막다리[2] 근처까지 장이 커졌다. 용인 전통시장은 이런 용인 오일장과 성장을 같이 해왔다.

그러나 최근 용인재래시장의 상인들과 오일장의 노점상인들 사이에 불협화음이 생겼다. 용인 오일장이 시장 상인들에게 이로운 영향만 있는 것이 아니기 때문이다. 용인 오일장은 없어서는 안 되지만, 노점상들이 상인들의 가게 앞에 노점을 펴면서 기존 상인들이 장사를 하기 힘들어진 것이다. 매장 앞에 노점이 있어, 매장으로 들어오는 손님들이 불편해 하고, 먼저 손님을 빼앗기기도 한다. 또한, 노점상은 가겟세를 내지 않아도 되니 같은 물건을 시장상인들보다 싸게 판다. 때문에 손님들은 싼 물건을 찾아 노점상을 이용하고 점포를 잘 이용하지 않는다. 어느새 오일장은 용인 전통시장과 함께하는 축제가 아니라 오일장 상인들만의 축제가 된 것이다.

노점상인들에게도 고충은 있다. 가게가 없기 때문에 옮겨 다니며 장사를 해야 하고, 또한 보관할 곳이 없어 물건을 당일 날 팔아야 하기 때문에, 안정적으로 물건을 팔 수가 없는 것이다. 점포를 가진 상인들은 물건

---

[1] 수원과 여주 사이를 운행하던 협궤선.
[2] 지금의 금학교.

용인 오일장

을 보관할 수도 있고, 다음날 물건을 다시 팔 수 있지만 노점상인들은 그렇지 못하다. 매일 장을 옮기기 때문에 물건을 다 팔지 못하면 버려야 한다. 그렇기 때문에 제 값도 못 받고 당일 날 처분하기에 급급한 것이다. 만약 파장시간까지 물건을 처분하지 못하면, 노점상인들은 물건 값을 내리기 시작한다. 특히 신선도가 중요한 야채나 생선 같은 생물은 사정이 더하다. 다음날만 되도 팔 수 없기에 시장 상인들이 파는 가격의 반, 혹은 그보다 더 낮은 떨이로 팔아넘기는 것이다. 이렇게 되면 기존 상점을 이용하는 사람들도 싼 물건을 사기 위해 노점으로 발걸음을 돌린다. 이렇게 시장상인들과 오일장 상인들과의 감정의 골도 깊어져만 간다.

상인회는 이런 오일장 사람들과의 노점상들과의 화합을 원하고 있지만, 서로간의 사정으로 타협이 쉽지만은 않다. 상인회는 노점상에게 중복된 품목이나 생물 같은 상품의 장사를 절제해 줄 것과 파장 후의 청소비 등에 소정의 관리비 등을 원한다. 너무 커진 오일장으로 인해 교통에도 문제가 생기고, 수지타산도 맞지 않고, 뒤처리는 그대로 전통시장 상인의 몫으로 남겨지기 때문이다. 사람들은 전통시장과 오일장이 서로 상부상조하며 공존하길 바란다. 어느 한쪽으로 이익이 기울지 않고, 어느 한 쪽만 피해를 감수하는 것이 아니라, 서로 상호보완하며 용인시장의 명물로 굳건히 자리 잡기를 바라는 것이다.

용인시장과 SSM[3]

SSM 규제법은 시장상인들이 투쟁하여 힘들게 이뤄 놓은 법안이다. 그러나 이미 대부분 유명시장 근처에는 대형마트들이 입점해 있다. 박노인 회장은 실례로 의정부시장을 예로 들어 말씀해 주셨다. 밀집된 상가 형식으로 시장이 잘 조성되어 있던 의정부시장에, 시장이 활성화 된 지 얼마 되지 않아 신세계백화점과 이마트가 들어선 것이다. 활성화 되던 의정부시장은 대형마트 때문에 금세 수익이 줄어버렸다. SSM 규제법 실행 이후로 조금 괜찮아 질 것이라고 하지만, 이미 대부분의 대형마트가 들어서 있어 규제법이 얼마나 효력을 발휘할지는 의문이라고 말했다.

박노인 회장은 대형마트의 서비스에 대해서는 배워야 한다고 했다. 시장 상인들에게 서비스 교육을 시키고, 점포주도 불러 교육을 시키지만, 대부분의 시장 상인들은 받은 교육을 실천하지 않는다. 대형마트들의 인사, 서비스 정신 등을 시장에서도 적용시켜야 한다고 말했다. 또한, 고객의 편의를 도모하고, 이득을 되돌려 주는 방법을 모색해야 한다고 했다. 그 예로, 대형마트에서 실행하는 쿠폰 할인, 서비스, 적립금, 카드 사용 등을 말씀했다. 또한, 백화점과는 다른 차별화를 시도해야 한다고

---

[3] 유통산업의 효율적인 진흥과 균형 있는 발전을 위해, 대기업과 중소기업의 양극화를 해소하여 동반성장과 건전한 상거래질서를 세움으로써 소비자를 보호하고 국민경제의 발전에 이바지함을 목적으로, 2010년 11월 10일 개정된 유통산업발전법과 대·중소기업 상생협력 촉진에 관한 법률을 통칭하는 말이다.

했다. 백화점과 같은 모습이 아니라, 먹거리, 방앗간 등 시장에서만 볼 수 있는 것들을 특화시키고, 브랜드거리 등이 전통시장과 어우러져야 성공할 수 있다는 것이다.

　재래시장의 경쟁력이 부족하다는 점도 박노인 회장의 지적이다. 현재 시장은 여러 종류의 가게들이 뒤섞여 있어 소비자들이 불편함을 겪는 것도 문제라는 것이다. 같은 업종끼리 한 거리에 모여 경쟁을 하며 소비자를 위한 판매가 되어야 하는데, 현재 시장은 여러 업종이 뒤섞여 있어 경쟁력도 떨어지고, 소비자를 불편하게 한다는 것이다. 거리를 정비하는 것이 가장 좋은 방안이겠지만, 건물의 소유주가 다르고 세입자들의 사정도 있기 때문에 시장을 정비하지 못한다는 것도 안타까워했다. 시장 자체만의 문제와는 별개로, 시장 상인들의 태도와 모습도 바뀌어야 한다고 했다. 현재 시장 상인들은 대부분 나이가 많다. 최근의 시장은 장사도 쉽지 않고, 수익도 예전과 같지 않아 젊은 사람들이 장사하기를 꺼려하기 때문이다. 대부분 노인들이 장사를 하기 때문에, 열정도 젊은 사람에 비해 떨어지고, 활기도 없어지는 것 같다. 젊은 사람들이 장사를 해야, 열정도 있고, 창의력도 있어 열심히 하는데 대부분 노인이기 때문에 열정이 떨어진다고 했다.

　많은 면에 있어서 시장은 대형마트를 따라가기 힘들다. 가격표시, 원산지 표시, 서비스, 편의성 등이 대형마트에 뒤지는 점이다. 그러나 시장의 특성을 잘 살려 극복해야 한다고 박노인 회장은 말했다. 시장의 특성을 잘 살려 극복해야 하며, 시장의 장점인 정과 덤 등 시장문화를 확산하고 시장에서만 볼 수 있는 방앗간, 노점 등의 특성을 살려야 한다고 강조했다.

용인시장 고객 여러분께…

우리와의 인터뷰를 마치면서, 마지막으로 시장 고객들에게 당부를 잊지 않았다.

시장 상인회에서 시장 발전을 위해 많은 노력을 하고 있습니다. 그럼에도 불구하고 부족함이 많습니다. 그렇지만 상인회에서는 앞으로 고객 편의나 고객 중심에 주안점을 두고 모든 것을 진행할 것이기 때문에 시장은 발전할 것입니다. 당분간 지켜봐 주시고, 지속적인 사랑으로 시장을 찾아 주시면 반드시 보답 드리겠습니다.

상인회장을 하면서 가장 힘들었던 것이 무엇이냐고 선생에게 물었을 때, 선생은 사람들의 시선이었다고 했다. 선생은 용인시장을 살리기 위해 많은 노력을 했다. 많은 돈을 지원을 받아 용인시장에 쏟아 붓고, 용인시장 살리기에 누구보다 앞섰다. 그러나 그것은 용인시장을 위하는 마음이었지, 자신을 위해서 한 일은 아니라며, 반복해서 말했다. 그는 용인에서 태어나지는 않았지만, 용인 토박이들보다 더 용인에 대한 정이 깊다. 그의 이야기를 들으면서 박노인 회장이 얼마나 용인시장에 큰 관심과 사랑을 가지고 있는지 잘 느껴졌다. 그런 박노인 회장의 마음만큼이나 그와 시장 상인회의 노력으로 용인시장은 오늘도 변화를 거듭하고 있다. 박노인 회장은 지금도 용인시장에 살고 있고, 용인시장을 항상 지켜보고 있다.

4. 『용인오일장 사람들』의 저자, 김종경 시인

글: 최명환
사진/시: 김종경

용인장(김량장)은 닷새마다 열린다. 용인 토박이의 기억 속에 용인장은 단순하게 물건을 사고파는 곳이 아닌, 세상물정을 들을 수 있는 '최고급 정보 소통의 공간'이다. 현대의 TV, 신문, 라디오, 인터넷처럼 세상살이에 필요한 정보를 교환·공유하던 곳이 용인장이다. 김종경 시인은 용인 토박이다. 흔히 삼대가 지나야 토박이라고 할 수 있는데, 그 이상을 용인에서 살고 있다. 토박이인 그가 용인장을 시와 사진으로 담아내고 있다.

많은 사람들이 모일 수 있었던 곳은, 제가 어렸을 때도 기억이 나는데 장터였어요. 장터라는 게 옛날에는 어떤 커뮤니티의 장이었잖아요? 통신이나 이런 게 없었기 때문에 장에 모여야 장돌뱅이들이 돌아다니면서 이야기를 하고, 또 그로 인해 어떤 여론이 형성이 되고…. 지금 같은 SNS시대에는 상상이 안 되지만, 그땐 유일무이한 소통의 장이었어요.

김종경 시인은 그가 태어나서 자란 처인구 운학동 집에서 살고 있다.

장터에서 이십 리 정도 떨어진 곳이다. 어렸을 때, 장터에서 운학동 가는 길은 작은 손수레 하나가 다닐 수 있을 정도의 소로(小路)였다. 그 당시에는 신작로가 없었기에 그 좁은 길을 따라 장터까지 걸어 다녔다. 그러나 어린 시절, 그에게 장터까지 이르는 길은 단지 '좁은 길'에 불과한 것이 아니었다. 할머니나 어머니의 손을 잡고 산골마을에서 도시로 나올 수 있는 유일한 소통로였으며, 난생처음 바깥세상 나들이를 할 수 있었던 길이기도 하였다. 병원이 흔치 않았던 시절, 그의 기억 속에 용인장으로 가는 길은 '이빨'이 상했을 때 치과 가던 긴장감이 추억으로 남아 있는 길이기도 하다.

> 이제 지나고 보니까, 제 유년의 추억들은 용인장에 있었던 것 같아요. 굉장히 생경했었고, 세상에 사람이 이렇게 많구나 놀랬었죠. 그 때만 해도 시골에는 동네 애들밖에 없었거든요. 용인장이 세상의 반 인줄 알았어요. 나에게는 어떤 새로운 신세계처럼 보였어요. 나중에 알게 된 게, 용인장이 소통의 광장이라는 것이었죠.

어렸을 때 시인은 용인장날을 기다렸다. 아버지께서 용인장을 다녀오시면, 막걸리 한 잔을 걸치시고, 사탕과 과자 등의 주전부리 할 것들을 사가지고 오셨기 때문이다. 집안 행사가 있으면 고기 한 근을 끊어 오시기도 하셨다. 시인이 살던 마을에는 가게 하나 없었기에(지금도 가게가 없다고 한다) 어린 시인에게 용인장날은 기다림의 날들이었다. 그러다가 그 길을 따라 초등학교, 중·고등학교를 자전거와 버스를 타고 다녔다. 학교를 가려면 자전거를 타거나 신작로까지 1km 남짓 걸어서 내려와 버스를 타야 했다.

오일장

신경통을 앓던
아버지 빈 지게는
장날마다
취해서 비틀거려도
아이들 공책과 과자, 가끔은
할머니 봉초담배를
한 꾸러미씩
매달고 돌아왔다

동구 밖
미루나무 몇 그루도
아버지 밭은기침에
반갑게 흔들렸다

파장

가설무대처럼 왔다가는 연정이네 포장마차에 가면 할머니 젖 냄새에 취한다.

오일장이 서는 날이면 누군가 끌고 온 반쪽짜리 바다 풍경에도 지독한 멀미를 해야 했다. 생선 좌판에서 출렁이는 거친 파도 소리와 홍어 찜처럼 곰삭은 세상이야기. 난전의 장돌뱅이들 오가며 갈매기처럼 기웃거리다 보면, 울컥 낯선 풍경에게도 막걸리 한잔 권하고 싶다.

오래된 노을이 가설무대 뒤에 쓸쓸하게 서있고 반쯤 굽은 허리를 곧추세운 빈 유모차가 파장의 장터를 느릿느릿 지나간다.

용인장 모습: 포장마차

4.『용인오일장 사람들』의 저자, 김종경 시인

　시인은 스무 살을 전후해 시내에서 음악다방 DJ를 했다. 현재는 모두 없어졌지만, 그 당시 음악다방은 용인장터 안에 있었다. 음악다방 DJ로 일할 때 중간 중간 여유가 있었다. DJ를 한 두 시간씩 돌아가면서 보았기 때문이다. 대기 시간이면 장터에 가서 한 잔에 백 원 하던 막걸리로 허기를 달래곤 하였다. 막걸리 한 잔 하다보면, 처음 보는 사람들과 어울리기도 하였다. 막걸리를 한두 잔씩 마시다가 목소리가 높아지고, 월남전 갔다 온 얘기를 하던 어른들이 틈에 섞어주기도 하였다.

국수집 연가

허기진 수화를 주고받던 젊은 남녀가
잔치국수 한 그릇 주문하더니 안도의 눈빛 주고받는다

하루 종일 낯선 시선들을 밀쳐내느라 거칠어진 손의 문장들
국수 가락처럼 풀어진 때 늦은 안부에도 목이 메이고
후루룩 후루룩 국수발을 따라 온 몸으로 울려 퍼지던 쳐 유쾌한 목소리들

세상 밖 유배된 소리들이 국수집 가득 부글부글 끓어오르면
연탄난로 위에서 이국의 모국어들이 모락모락 익어 간다

김종경 시인은 현재 용인신문 대표이다. 신문사에서 기자로 근무하다가 지금은 발행인 겸 운영자가 되었다. 시인이 용인을 떠나지 않고 살다보니, 장날만 되면 친구들로부터 전화가 온다. 막걸리 한 잔 하자고. 그러면 항상 장터에서 만나 술 먹고 밥을 먹는다. 시인의 아버지가 그랬던 것처럼. 이제는 시인도 아버지 세대가 됐다. 옛날 아버지들이 장터에서 만나 어울리던 것을 지금 똑같이 하고 있다. 다만, 달라진 것이라고는 아버지 세대에 용인장은 계란꾸러미, 쌀 등을 지게에 지거나 자전거에 싣고 와서 팔고, 집에서 필요한 생필품을 사가지고 가던 삶의 공간이었다면, 지금 시인에게 있어서 용인장은 추억을 먹으러 가는 공간이 되었다는 것뿐이다.

용인장 모습: 품바

단골손님

외상장부로 색 바랜 달력 몇 권
금학천변 막걸리 집은 단골손님도 대를 이어 사십 년이 넘었다
메뉴판도 가격도 날씨 따라 변하는 윤선엽 할머니, 그녀에겐 신용카드의
유효기간이나 사용한도가 필요 없다
단골손님의 내력을 더 자세히 읽고 있는 그녀의 계산법은 아무도 몰라
누구든지 여길 오면 한 번쯤 외상의 이력을 남기고 싶어진다

일기예보가 국경일인 공사판 인부들
장맛비 소식에 일당을 허탕 친 걸걸한 사내들
해장술부터 흔들렸다
밤새 취한 가로등 불빛 부둥켜안고
막걸리 집 천장에 먹장구름 가득할 때면
누군가 색 바랜 달력 뒤적여 조심스레 줄을 긋고
또 다시 새로운 이력을 써 넣기 시작한다

요즘 용인장에 나가보면 장터에 먹거리가 예전보다 많아졌다고 한다. 장터에 앉아 막걸리를 한 잔 하고 있으면, 지나가던 친구도 만나고…. 이렇게 하다보면, 어느 새 십여 명은 족히 되는 사람들을 장터에서 만난다. 그러면 옆에 앉아서 막걸리 한 잔 먹고 다시 가는 친구도 있고, 잠시 기억 속에서 잊은 친구들의 얼굴을 보기도 하고, 때로는 마을에서 이사 가신 어른들을 만나기도 한다. 곧 그에게 있어서 용인장은 추억의 공간이면서, 헤어졌던 사람들을 만나는 공간이기도 하다. 요즘에는 용인장에서 위로를 받는다고 한다. 복잡한 세상에서 잡곡 장사하는 친구, 강원도에서 '산양삼'을 팔러 오는 아저씨, 뻥튀기 튀기는 할아버지, 생선 갖고 나오는 중년 부부, 옷 장사 하는 누님, 시인과 동년배로 보이는 품바 등 용인장에서 만나는 사람들이 시인 삶의 힘듦을 내려놓게 한다. 용인장에는 시인의 '베이스캠프'가 있을 정도다. 바로 '연정이네 포장마차'다. 그곳에서 사람들을 만나 위로를 받는다.

장터도 옛날이랑 많이 바뀌고 있잖아요. 그래서 2009년부터 2010년, 2011년까지 틈틈이 나가서 사진을 찍었어요. 또 계절별로 담아야 되잖아요. 나오는 게 다 다르니까. 여름철에는 과일이나 채소가 풍성할 것이고, 또 겨울에는 겨울 음식들이 나오고, 또 옷차림도 다 다르고, 그래서 그걸 한 해에 찍으면 안 되니까 계절별로 나눠서 찍었어요.

그러던 중 용인장을 문학과 사진으로 기록해 보자는 결심을 하였다고 한다. 사진은 원래 좋아했고, 기자를 하다 보니 더욱 애정이 있었다. 문학은 고등학교 시절부터 관심이 있었다. 시골에서 자란 시인은 농경문화에 대한 정서가 많고, 농경문화를 담을 수 있는 여러 가지 방법 가운데 그림을 그렸다. 그러나 가정 형편상 그림을 계속할 수 없었고, 그 대안으로 찾은 것이 '돈 안 드는 것, 원고지를 가지고 쓰는 것'이었다. 그래서 고등학교 시절부터 시를 썼다. 그 때 당시 송상욱 시인이 국어교사로서 1년 정도 문예반을 담당하고 있었다. 어느 날 '어머니'를 주제로 한 편의 글을 썼는데, 선생님께 칭찬을 받았다. 그 이후부터 잠 안자고 시를 썼다. 1980년대에 '용인문예운동협의회'를 창립하였고, 현재 용인신문의 전신으로 1992년에 창간한 『성산신문』 기자로 활동했으며, 1996년 5월 18일에는 '향토문학단체'인 용인문학회를 창립했다. 김종경 시인은 '지역문학이 세계문학이다'라는 생각을 가지고 시인 활동을 하고 있다.

시인

겨울 장바닥에
널브러진 배추 이파리 같은 놈아!

그래, 나는 詩人한다.

용인장 풍경을 담은 사진을 가지고 2011년에 전시회를 처음 열었다. 처음에는 기록을 하고, 책을 낼 생각이었을 뿐 전시회까지 할 생각은 아니었다. 그런데 주위의 권유로 기흥구 구성 마북동에 있는 '한국미술관'에서 전시를 하게 되었다. 한참 더울 무렵인 8월에 시작해서 두 달 동안 했다. 지금 와서 생각해 보면 전시회를 구성에서 한 것이 잘 했었던 같다고 한다. 구성 쪽에는 장이 없기에 '용인에도 이런 게 있었구나!'라며 어린 아이부터 어른에 이르기까지 전시회를 많이들 찾았기 때문이다. 결국 전시회를 통해 시인이 '용인장 홍보대사'의 역할을 했다. 김종경 시인은 스스로 "용인장을 내가 엄청 사랑하는 사람이에요"라고 이야기를 한다.

어제가 오일장이었어요. 내가 연평도를 다녀오다가 용인에 들어서면서 친구 중에 후배 작가에게 전화해가지고 막걸리 한 잔 먹자고…. 그런 게 삶에 어떤 한 부분으로 위로가 되는 것 같아요, 각박한 세상에….

골목의 독백

눈 내린 골목길에는
남의 집 대문 앞까지 환하게 쓸어놓고
막다른 모퉁이로 절룩거리며
서둘러 빠져나가는
누군가의 뒷모습 있을 것이다

가난한 별들이 오래 머물던
우물가에 가면
그리운 얼굴들 맘껏 길어 올릴 수 있고
제 속살까지 꽃으로 피워내던 고목은
누군가의 뒷모습
닮아가고 있을 것이다

사람과 사람 사이에도
푸른 샛강 하나
유유히 흘러갈 수 있는
골목 하나쯤 있었으면 좋겠다

김량천의 안개

떠다니던 삶이 가벼워
그들은 항상 술을 퍼마셨고
가끔은 범람하는 김량천에 몸을 던졌다
안개를 몰고 다니던 신작로 가로등도
허기를 태워 불을 켜고 있는지
포장마차에서는
누구나 안개를 그냥 술처럼 마신다
흔들리는 불빛에 만취한 노래는
안개가 쌓인 둑방을 넘지 못해
김량천 너른 변에 서서 오줌을 갈긴다
일렬횡대로 웅크린 포장마차 불빛들은
생살을 찢고 나와 꽃상여처럼 두둥실
이따금 구겨진 담배꽁초들이
술 취한 언어와 함께 안개 속에 버려지고
그중 몇 놈은 욕설과 멱살잡이를
또 다른 몇 놈은
집어등 같은 불빛을 따라
김량천 안개에 속살까지 흠뻑 적셨다

용인장 모습: 좌판

그러나, 용인장을 바라보는 그에게도 아쉬움이 있기도 하다. 바로, "천편일률적이에요"라는 그의 말처럼 용인장 나름의 특색이 없다는 것이다. 물론 이러한 점이 용인장만의 문제가 아닌 도시에 서는 장들의 공통적인 문제이지만…. 장도 이제는 현대화가 되었다. 농산물들도 수입산 농산물이 많아졌다. 장터에서도 체리를 팔고, 키위도 팔고, 칠레산 생선도 판다. 그러한 것을 바라보며, 용인장에는 용인 것만 팔았으면 하는 욕심을 부려보기도 한다. 용인 인근에서 생산되는 토산물을 팔 수 있는 공간이 되었으면 하는 것이 김종경 시인의 바람이다.

예를 들면 포곡상추처럼요. 포곡상추가 전국 1위예요. 포곡이나 모현에 가면 다 비닐하우스 단지거든요. 거기 시설채소도 엄청 좋아요. 그걸 하나 끌어내면 되잖아요. 그렇게 하다 보면 버섯 하는 사람들도 많지. 그럼 최소한 농산물 가운데서도 일부분을 여기다 끌어낼 수 있지 않을까 해요.

그러면서 시인은 한 가지 바람을 조심스럽게 더 이야기한다. 용인장을 문학적으로 풀어보고 싶은 생각이 있다는 것이다. "요 근처에 집하나 얻어 놓고 슬리퍼 신고 고무신 신고 그냥 잠깐 장 구경 왔다 들어가고 싶다"는 한 소설가 지인의 말처럼, 용인장을 혼자 쓰는 것이 아닌, 그가 지금 시와 사진으로써 용인장을 담고 있듯, 소설을 쓰는 사람들은 용인장을 소설로 쓰고, 동화 작가는 동화로 쓰고. 이렇게 용인장을 함께 팔았으면 한다. 봉이 김선달이 대동강을 팔았듯이 문학으로서 용인장을 팔아보고 싶은 소망을 가지고 있다. 한편의 글을 보고 사람들이 용인장을 찾을 수 있기 때문에 시와 사진으로 용인장을 담고 있는 것처럼.

난 시를 쓰지만, 누군가는 여기서 희곡을 쓸 것이고, 이걸 통해서 연극을 만들고, 영화를 만들고…. 조금 더 다양한 콘텐츠로 생산이 되어야 하지 않겠나 싶어요.

김종경 시인은 사진이 보편화 된 시대에, '4천만 국민이 모두 사진작가인 시대'에 용인장을 시와 사진이 어울리는 현실적인 작품으로 담고 싶어 한다. 한 편의 사진을 보면 시를 쓰고 싶고, 한편의 시를 보면 사진을 찍고 싶은 생각이 들 수 있는 작품 활동을 하고 싶어 한다. 그리고 그 작품에는 현실에서 벗어나지 않은 현실의 이야기를 담고 싶어 하는 것이 '촌놈 같은' 시인 김종경의 큰 바람이다.

5. 용인 김량장의 연원과 김량장동 133번지 이야기

홍순석·우상표

고려 때부터 전승된 김량장 연원과 변천사 (홍순석)

김량장동은 필자가 출생한 곳이기에 매우 익숙한 지명이다. 그러면서도 이름이 특이해서 낯설었던 지명이다. 처음 만나는 이들이 어디 사느냐고 물으면, "김량장리 술막다리 근처에 산다"고 답한다. 용인읍내 살았던 이들이라면 뻔히 다 아는 곳이지만, 타 지역 사람들에게는 매우 생소한 지명이다. 한때 한글로 주소를 쓰자면 '김량장리' '김양장리' '금량장리' '금양장리'로 제각각이었다. 이같이 생뚱맞은 지명은 전국에서 유일할 것이다. 우선, 용인시의 홈페이지에 소개된 김량장동의 유래는 이렇다.

> 김량장동(金良場洞)은 본래 용인현 수여면으로 1937년 용인면으로 개칭하였다가 1979년 5월 1일 용인읍으로 승격되었고, 1996년 3월 1일 용인군이 시로 승격될 때 중앙동에 속하게 되었다. 1914년 당시 행정구역을 개편할 때 양재도찰방 관할 하에 있던 금령역(金嶺驛) 지역과 수여면 호동 일부를 합쳐 김량장리라 하였다.

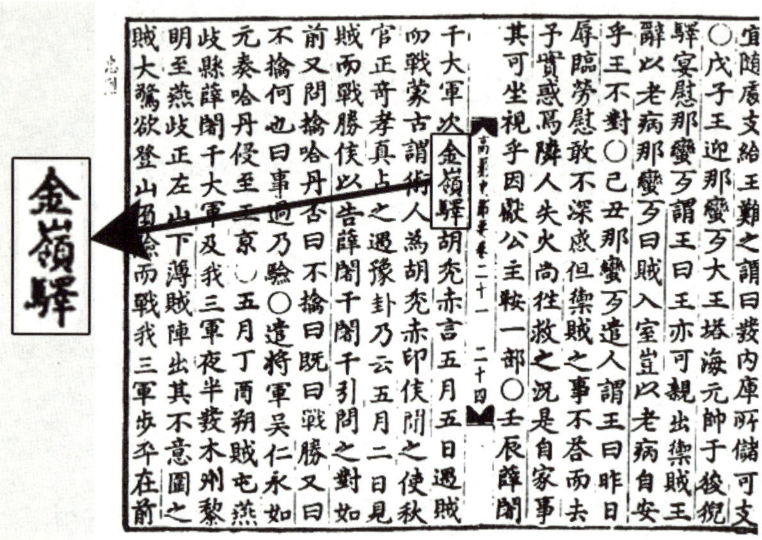
宜隨處支給王難之謂曰發內庫所儲可支
○戊子王迎那蠻歹大王塔海元帥于後苑
驛宴慰那蠻歹謂王曰王亦可親出禦賊王
辭以老病那蠻歹曰賊入室豈以老病自安
乎王不對○己丑那蠻歹遣人謂王曰昨日
辱臨勞慰敢不深感但禦賊之事不答而去
予實惑焉隣人失火尚往救之況是自家事
其可坐視乎因獻公主鞍一部○壬辰薛闍
高麗史節要卷二十一 二十四
干大軍次金嶺驛胡禿赤言五月五日遇賊
而戰蒙古謂術人為胡禿赤印侯聞之使秋
官正奇孝真占之遇豫卦乃云五月二日見
賊而戰勝侯以告薛闍干闍干引問之對如
前又問擒哈丹否曰不擒曰既曰戰勝又曰
不擒何也曰事過乃驗○遣將軍吳仁永如
元奏哈丹侵至王京 五月丁酉朔賊屯燕
歧縣薛闍干大軍及我三軍夜半發木州黎
明至燕歧正左山下薄賊陣出其不意圍之
賊大驚欲登山阻險而戰我三軍步卒在前

[그림 1] 금령역 (고려사절요)

일설에 따르면 김량이라는 사람이 맨 처음으로 시장을 개설하여 김량장이라 하였다고도 한다.

이 설명문을 전제하면, 김량장동의 근원은 '금령'에서 비롯한다. 그리고 '김량장리'라는 명칭은 1914년 행정구역 개편 때 명명된 것이다. '금령'이란 지명은 이미 고려 때에도 사용된 명칭이다.

임진일에 설도간의 대군이 금령역에 주둔하였는데, 호독적이 말하기를, "5월 5일에는 적을 만나 싸울 것이다." 하였다. (고려사절요 제21권/ 충렬왕 3 /신묘 17년(1291), 원지원 28년)

세조 때에는 각 도의 역에 역승을 없애고 찰방을 두게 했는데, 용인현의 구흥역·금령역, 죽산현의 좌찬역·분행역 등 총 23역을 합하여 경기좌도라고 칭하고, 경기좌도 찰방이 관장하게 하였다. 『신증동국여지승람』의 역원조에도 금령역, 금령원으로 기록되어 있다.

【역원】 구흥역: 현 남쪽 5리 지점에 있다. 금령역 : 현 동쪽 30리 지점에 있다. 보시원: 현 서쪽 10리 지점에 있다. 홍화원: 현 남쪽 20리 지점에 있다. 금령원: 금령역과 3리 거리이다. (『신증동국여지승람』 제10권/경기/용인현/ 역원)

영조 때 편찬한 『여지도서』와 1864년(고종1)경 김정호가 편찬한 『대동지지』에도 금령천, 금령역으로 기록되어 있다. 지리지 외에도 여러 고문헌에서 금령이란 지명이 보인다. 구체적인 사례로, 허목(1595~1682)이 지은 「사복주부 김공묘갈」에도 "처음에 용인현 유곡에 장례하였다가 27년 뒤에 금령으로 개장하였다."는 기록이 있다. 박세당(1629~1703)이 지은 「제용감직장 박군묘지명」에는 "처음에 용인 금령산에 장례하였다가 부군의 개장에 미쳐 옮겨 부장하였다."는 기록이 있다. 그런데, 고문헌 자료 가운데는 금령역(金嶺驛) 외에 '금량역(金亮驛)' '금량역(金梁驛)'으로 표기된 곳도 적지 않다.

왜적이 양식을 쌓아놓고 주둔해 있는 곳은 용산창이라고 하는데 용산에서 서울까지는 5리 정도이다. 별도로 한 가지 계책이 있는데 김포에서부터 배를 버리고 육로를 통하여 부평·수원을 경유하면 용인·죽산 두 고을에 도착할 수 있는데, 금량·종배·좌잔 등의 왜적이 방책을 치고 있는 곳도 모두 2~3일의 노정에 불과하고 주둔하고 있는 왜적도 겨우 1천 명에 불과하다고 한다. 만약 수일 간의 식량을 준비해 가지고 비밀리에 보행으로 달려가서 적의 방책을 격파하여 점거한다면 이것은 병법에 이른바 '빠른 우뢰에는 미처 귀를 막지 못한다'는 것이니, 반드시 적을 격파할 수 있을 것이다.

(倭賊峙糧留屯, 名喚龍山倉矣, 龍山之距京城, 五里地也。別有一計, 自金浦, 捨船由旱路, 經富平、水原之境, 到龍仁、竹山兩縣地, 金亮、鍾杯、佐殘等倭賊下寨處, 皆不過二三日程, 而留屯之倭, 僅滿千名云. 若齎數日糧, 暗暗步走, 擊破一寨而據之, 則此所謂疾雷不及掩耳, 破之必矣. (『선조실록』 20책/권37:25b))

용인의 금량역(金亮驛)에 이르러 갑자기 세상을 떠나니 찰방공이 호구(護柩)하여 남쪽으로 내려왔다. (『갈암선생문집』 권23/성균생원운암김공묘표)

새벽에 크게 안개가 꼈으나 낮에는 개었다. …(중략)…오후에 또 중도에서 만나 산행하였다. 산과 푸른 밭을 향했는데, 나는 용인으로 향했다. 석양에 갈림길에서 울적한 회포가 없을 수 없었다. 용인 어증포 주막에서 식사를 하고 저녁에 금량역(金梁驛)에서 잤다. 말이 병이 들어 엎어질 것 같았으므로 말을 교체하여야 했기 때문이다. 이날 80리를 행차하였다. (『분애유고』 권12/남행일록)

임금이 듣고 곧 출옥하여 용인 금량역(金梁驛)에 유배토록 하였다. (『호곡집』, 권16/선부군행상)

용인의 중심지라 할 수 있는 김량장동의 명칭이 고려시대부터 조선 후기까지도 '금령(金嶺)'으로 표기되었으며, 간혹 '금량(金亮)' '금량(金梁)'으로 표기되었음을 확인하였다.

다음으로 지금의 한자 표기인 '김량(金良)'은 언제부터 사용되었을까가 관건이다. 고문헌자료에서는 『용인현읍지』에서 처음으로 '금령역(金嶺驛)'이 '김량역(金良驛)'으로 표기되었음을 확인할 수 있다. 조선 후기와 조선 말기에 전국적으로 진행된 읍지 편찬 작업의 일환으로 간행되었다. 『용인현읍지』는 18세기 중엽에 처음 편찬·간행되었고, 이후 1842년~1843년에 간행되어 『경기지』 권4에 수록되었다. 그 후 1871년(고종 8)에는 『동치 10년 신미 9월일 용인현읍지』, 1891년에는 『광서17년 신묘 6월일 용인현읍지성책』이란 제목으로 편찬·간행되었다.

현재 일제강점기에 필사한 이본이 서울대학교 규장각에 소장되어 있다. 이후 『용인군읍지』 『용인군지도읍지』 등이 편찬되었으나, 모두 내용은 대동소이하다. '김량장(金良場)'의 명칭이 처음 등재된 것은 『용인현읍지』이다. 이 책 「장시점막」 항목에 '김량장(金良場)' '김량점(金良店)'이 등재되었다.

그리고 김량천(金良川), 김량역(金良驛)의 위치와 규모를 기록하였다. 『용인군지도읍지』에는 "김량역 : 현 동쪽에 있다. 관문에서 20리이다. 을미년 이후 폐기되었다."라는 기록이 있다. 이 기록을 전제하면, 고려시대부터 존치되었던 '금령역(金嶺驛)'이 조선말기에 '김량역(金良驛)'으로 개칭되었다가 갑오경장 직후 을미년(1895년)에 폐지된 것이다. 지금까지도 '역말' '역북동'이란 지명은 남아 있다.

일설에 김량(金良)이란 인물이 처음으로 장을 열었기 때문에 '김량장(金良場)'이라 불렀다고 하였는데 설득력이 없다. 필자가 실존인물인가를 검색하는 과정에서 홍여하(1621~1678)가 지은 「김량전(金良傳)」을 발견하였다. 김량은 임진왜란 무렵의 의인이다.

전(傳)으로 기록할 만큼 주목되는 인물임에는 분명하지만, 이 사람이 용인과 관련 있는 지는 확인할 바 없다. 설령 관련이 있다고 해도 '김량장(金良場)'은 '금령장(金嶺場)'을 일제강점기에 간략하게 표기한 것에 지나지 않는다.

실제 김량장동의 터주라 할 수 있는 필자의 부친(1917년생)에 의하면,

왜정 때부터 장터에서 오일장을 열었다고 한다. 물론, 그 이전에 장시가 형성되었을 것임은 분명하다. 조선시대 용인은 지금의 기흥구 구성동 일원이 중심지였고, 김량장동 일원은 상업·교통의 중심지였다. 용인종합운동장 서쪽 '술막'은 조선시대 교통의 중심지임을 시사하는 지명이다. 바로 이 주변 일대가 고려시대부터 이어져 온 김량장이 있던 곳이다.

다음으로, '金良場'을 이제까지 아무런 의심 없이 '김량장'으로 표기하였다. 본래 금령(金嶺)이었던 것이 개칭된 것임을 전제하면 '금량장' '금양장'으로 표기할 수 있다. 우리나라 지명 가운데는 쇠금(金)자가 붙은 지명이 꽤나 많다. 경북 김천시 금릉군의 경우는 같은 쇠금자를 '김'과 '금'으로 읽은 대표적인 사례이다.

혹자는 한강을 경계로 북쪽 지명은 금화, 금곡, 금촌 등과 같이 '금'으로 읽으며, 한강 남쪽의 경우는 김해, 김포 등과 같이 '김'으로 읽는다고 하였다. 이런 논리가 맞는다면, 용인시의 경우 '金良場'을 '김량장'으로 읽는 것이 마땅하다. 그렇게 써왔으니 새삼 고칠 필요는 없을지 모른다.

김량장 주변의 지명 가운데 금학천(金鶴川)이 있다. 금령천과 운학천이 합류하는 하천을 지칭한 것이다. 지금의 용인시종합운동장 앞 하천에 해당한다. 용인시내 사거리에서 술막으로 연결되는 다리가 바로 금학교이다. 1930년대의 사진을 보면 널다리였다.

고려시대부터 존치되었던 금령역은 일제강점기에 김량역으로 개칭되고, 결국 근대화의 변화에 밀려 1895년에 폐지되었다. 그런 가운데, 지금까지도 김량장터에 오일장이 전승되고 있음은 매우 의미 있는 일이다.

한 때 금령역, 금령원으로 불렸던 곳이 구체적으로 어느 곳인지 검증되지 않아 아쉽다. 그래도 '역말' '역북동' '술막'이란 지명이 남아 있음은 여간 다행이 아니다. 좀 더 관심을 갖고 표석이라도 세웠으면 좋겠다.

용인의 대표 골목 김량장동 133번지 이야기 (우상표)

삶과 문화의 원형이 살아있는 골목

요즘 골목이 주목받고 있다. 골목문화탐방도 인기다. 골목을 중심으로 한 마을공동체 운동도 활기를 띠고 있다. 마치 대세처럼 느껴진다. 그 이유는 뭘까. 우선 향수와 치유의 공간이어서가 아닐까 싶다. 대한민국 성인치고 작은 도시에서라도 살았다면 옛날 영화에나 나옴직스런 이발소, 떡집, 싸전, 방앗간, 달고나, 뻥튀기 가게가 있는 골목을 추억으로 간직하지 않은 이 없을 것이다. 농촌에서 자랐다면 저녁 무렵 굴뚝에서 연기가 피어오를 때까지 골목을 오가며 자치기, 술래잡기를 하며 놀던 추억 하나쯤은 있게 마련이다. 점점 경쟁사회로 치달으면서 생존을 위해 온 몸을 내던졌던 세월을 지나 이제 과거를 여행하는 것은 추억을 넘어 치유에 다름 아니게 됐다.

골목은 역사찾기 차원에서도 주목하는 대상이다. 모든 문화의 원형은 삶이 이루어지는 현장에 있다. 특히 수 천년동안 지속됐던 농경사회는 가족노동과 마을 두레 등을 기본단위로 삼은 까닭에 골목은 자신이 속한 공동체 전통문화를 자연스레 익히는 공간이었다. 구전으로 전하는 전수장이자 공부공간이기도 했다. 최근엔 어려운 경제와 양극화까지 골목을 주목하고 만들고 있다. 대자본을 앞세워 파고드는 대형 할인매장에 의해 점점 쇠락의 길로 접어들고 있는 전통 골목경제 되살리기 차원에서도 관심이 모아지는 것이다.

이처럼 골목은 이제 추억이자 역사이며, 문화콘텐츠로서 훌륭한 관광자원으로까지 떠오르고 있다. 아울러 삶터의 대변화 속에서 재생과 치유의 장소이기도 하며 미래 우리 삶을 가꿔갈 귀중한 자산이기도 하다. 그렇다면 이 같은 가치를 지닌 용인 대표 골목은 어디일까. 길게 생각할 것도 없다. 필자는 단연코 '김량장(동) 133번지'라고 말한다.

치소(治所) 이전과 적산(敵産)으로 형성된 김량장동 133번지

예나 지금이나 전통 중앙시장 대부분을 차지하는 김량장 133번지. 그 일원은 얼추 6만 ㎡ 규모다. 오늘 날 '시장골목'은 곧 김량장동 '133번지'로 등치되어도 무리가 없다. 남쪽으론 옛 우체국 건물 안쪽 건물과 청한상가 인근 농협 김량지소가 포함된다. 북쪽으론 금학교 옆에 있는 재래시장 상징탑과 하천변까지다. 용인초교에 이르는 좌우 골목은 모두 133번지다. 필자가 초등학교 5학년 때 시골에서 먼 시내로 나와 자장면을 맛나게 먹어본 추억의 장소 '혜원장'이 있던 곳, 역시 133번지다.

분류된 고유 지번이 하나의 필지를 나타낸다고 할 때 '133번지의 1~286'까지 쪼개진 것은 한 마을을 이루고도 남을 정도다. 이처럼 너른 지역이 동일지번으로 형성된 까닭은 무엇일까. 그리고 이곳은 어떤 지역이었을까. 우선 현행 주소 체계가 만들어 진 것은 1910년이다.

일제 강점기에 국토수탈, 조세징수, 사유재산 국유화 등의 조치를 위해 조선토지조사사업을 시행함으로써 부여된 토지 지번이다. 최근에서야 국가경쟁력 확보 차원에서 도로명주소로 바뀌고 있으니, 실로 100년만이다. 여하튼 133번지의 형성과정과 성격은 이 일대가 당시 용인의 가장 중추적인 기능을 수행하는 교통과 상업, 공적 기관들이 밀집한 지역이었으며 이는 후일 일제 강점기 일본인들이 살거나 소유했던 집과 상점들이 몰려있는 '적산(敵産)'이었다는 점에서도 자연스럽게 확인된다.

5. 용인 김량장의 연원과 김량장동 133번지 이야기 _ 101

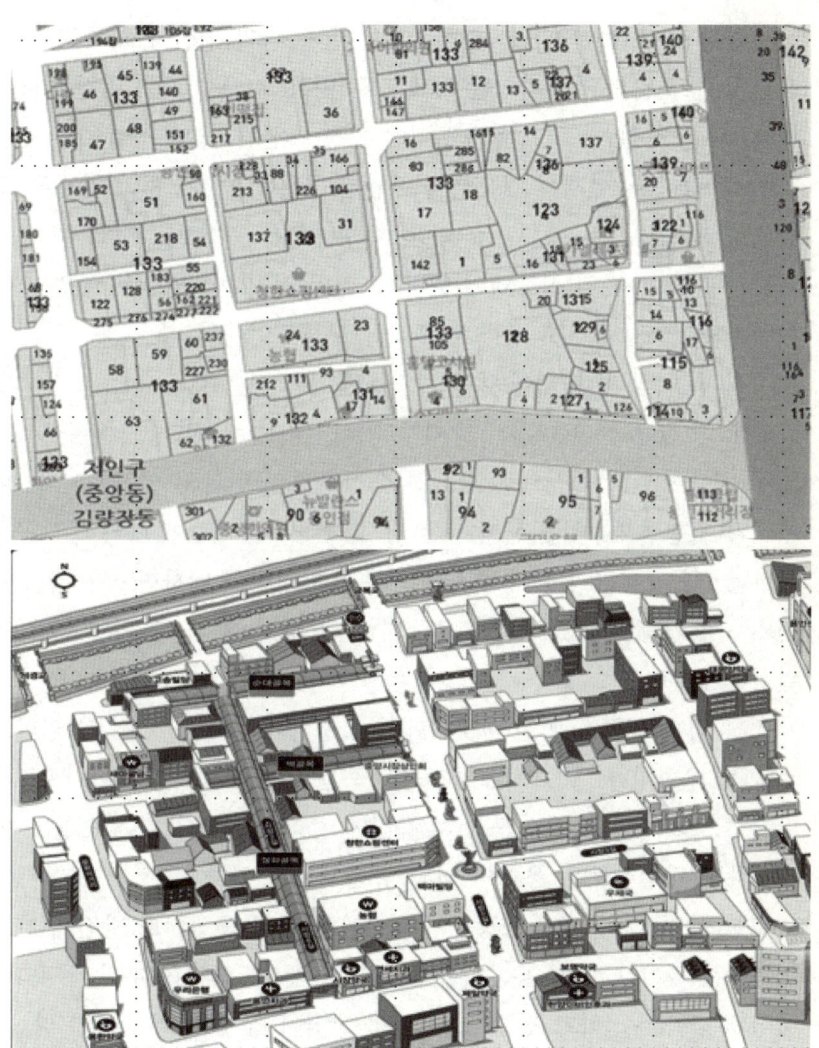

김량장동 133번지 일대 지번도(위)와 입체도(아래): 오른쪽 아래 용인사거리를 중심으로 넓은 횡축 도로가 42번국도, 종축 도로가 45번국도

김량장동 133번지가 근·현대 100여 년 동안의 진한 삶의 현장이자, 용인의 대표 골목으로 인정받게 된 것은 치소(治所) 이전이 결정적 계기였다. 잘 알려진 대로 고려시대 이래 행정 중심지 역할을 해 왔던 곳은 구성(駒城)이다. 현재는 기흥구에 편입된 구성동 지역이지만 여전히 '구읍내'란 옛지명으로 전해지고 있다. 행정관청을 중심으로 향교 등 공공기관은 대개 그곳에 집중돼 있었다. 그러던 것이 1911년에 수여면 소학동(巢鶴洞)으로 옮기게 된다.[1] 오리골로 불리던 곳이다.

수백 년 이상 한 자리에 있던 치소를 옮기는 것은 쉽지 않았을 것이다. 그런데 왜 결단을 내렸을까. 몇 가지로 추론해 볼 수 있다. 첫째는 1914년 일제 치하에서 전국적으로 행해진 행정구역 개편과의 연관성이다. 현 우리나라 행정체계의 근간이 되는 당시 대대적인 개편에 따라 용인군은 1914년 4월 양지군 일원과 죽산군 일부를 편입하여 내사면·외사면·원면의 3개 면을 증설했다. 이로써 오늘날 용인시 행정구역의 기본 틀을 완성하게 된다.

이를 전후해 치소 이전이 곳곳에서 실행되는데, 용인 역시 그 일환으로 봐도 무방하다. 무엇보다 양지군과 죽산군 일부를 흡수 통합함으로써 당시 치소의 위치를 용인군 전체 중심에 자리 잡을 필요가 있었을 것이다. 실제 김량장동은 용인의 거의 중심부에 위치한다.

또한 이미 그 당시 김량장동이 교통과 상업의 중심지로 발전해 가고 있었다는 점이다. 앞서 홍순석 교수가 밝힌 대로 고려시대부터 금령역이 있어 장터를 형성하고 있었다. 그 만큼 상업이 발달했음은 물론이다. 이를 확인할 수 있는 것은 인구 비율과 증가추이다. 개항이후 1910년 용인

---

[1] 이인영·김성환 편, 『내고장 용인 지명·지지』, 용인문화원 향토문화연구소, 2001, 35쪽.

군 가구 수는 7,556호, 인구는 34,045명이었을 때 수여면 인구는 3,911명이다. 1930년에 이르면 용인군의 가구 수는 14,459호에 인구는 9,911명인데 이는 용인군 전체 면 가운데 가장 인구가 많은 것이면서 현지인의 비율이 제일 낮은 기록이었다.[2]

교통의 발달도 영향을 미쳤음은 물론이다. 교통촌에 시장촌이 결합하여 상호 발전하는 것은 자연스러운 현상이다. 당시 신문보도 자료 등에 의하면 1908년 8월, 일제에 의해 수원-용인-양지-이천-여주를 잇는 신작로 사업(42번)이 진행된 것으로 되어 있다.

구 용인읍(수여면) 도로는 42번 국도와 45번 국도가 김량장동 구 사거리에서 십자형으로 만나며 이 지역 대부분 도로는 국토의 지선 형태로 만들어져 연계되고 있다.[3] 예나 지금이나 용인사거리는 이천, 광주, 수원, 안성으로 각각 나뉘는 십자로 역할을 한다. 그런 연유로 물자이동의 중심지가 됐다. 당연히 장시와 점촌이 형성되고 발전해 갔다. 술막이란 지명은 아직도 이를 반증하는 것 중 하나다. 김량장동 133번지는 그 한가운데서 시장촌의 핵심 기능을 하는 동시에 상업 중심지 역할을 담당하며 도시형성과 발달의 거점으로 오늘날에 이르게 된다.

대표 골목 김량장 133번지의 변화와 추억

김량장동 133번지를 중심으로 한 도심의 발달은 1908년 신작로 건설(42번 국도), 1911년 행정소재지 이전, 1914년 통합 행정구역인 용인군

---

[2] 『수여지(水餘誌)』, 용인문화원 향토문화연구소, 2009, 43쪽.
[3] 같은 책, 44쪽.

탄생 등에 탄력을 받아 도약하는 가운데 주목할 만한 기관들이 속속 세워진다. 1913년엔 용인 금융조합이 결성되더니, 1915년엔 염엽초구매조합이 조직돼 큰 창고 여러 동이 현 처인구청 자리에 터를 잡는다. 금융과 조합운동의 시작을 알리는 신호탄인 셈이다.

이미 양지(양지초)와 기흥(신갈초)에서 각각 1908년과 1909년 학교가 설립되면서 용인 근대교육의 문을 연 이후 김량장공립보통학교(용인초 전신)가 1915년 11월 5일 23명의 학생으로 개교했다. 출발은 늦었지만 일본인 소학교, 용인공립심상고등학교 등이 줄줄이 생겨나면서 교육의 중심지로서도 그 위치를 확보하게 된다. 종교적으로 보면 백암 백봉교회(1894년)와 남사 아리실교회(1895년)에 훨씬 뒤지지만 용인장로교회가 1905년 7월 북구 산다랭이 교회로 문을 연다(현재는 제일은행 앞을 거쳐

1962년대 김량장 일대 전경(『사진으로 보는 용인근대화 100년』, 성산신문, 1995, 95쪽). 용인초등학교 뒷산에서 남쪽을 향해 바라본 김량장의 옛 모습이다. 넓은 운동장을 넘어 중앙에 곧게 가로로 뻗어 있는 선은 수여선 철로이다. 우뚝 솟은 용인천주교 건물(현 청한상가)이 용인의 상징탑인양 서 있다.

마평동 송담대 앞으로 증축 이전).

뭐니 뭐니 해도 김량장동의 변화 상징은 수여선(일명 경동선)과 용인역이다. 경안천 앞을 가로지르던 협궤열차가 1931년 12월에 개통되면서 역사가 지어지고 각종 창고들이 줄줄이 들어서기 시작했다. 소설가 조정래 씨가 한 소설에서 일제가 건설한 철도를 '왜놈 발에 발동달기'라며 그 수탈성을 예리하게 폭로했지만 김량장 사람들에겐 활동반경을 넓혀주는 동시에 경제활동에 있어서도 많은 변화를 가져다주었다. 용인역사는 현재 대흥빌딩과 GS슈퍼, 홍성갈비 건물에 걸친 지역이다. 지금의 용인타워에서 개천에 이르는 곳에 위치했던 경동철도회사 부지는 큰 운동장이 2면으로 축구 야구 등 시합을 했을 정도였다. 각 군대항 축구대회인 근기대회(近畿大會)에는 용인 이천 여주 광주 수원 안성 평택 7개 팀이 참여하는 큰 이벤트였다.

"기차타고 용인역으로 들어오면 물탱크가 반깁니다. 많은 사람들이 용인에서 받은 첫 인상으로 기억하는 하나가 있어요. 지금도 살아있는 회화나무 보호수입니다."4) 김량장동 출신 조원행 씨(78세)의 추억은 그 때를 경험한 대다수 사람들의 것이기도 했다.

장시의 발달로 당연히 주막도 번성했다. 예부터 금학교 부근 술집촌을 술막으로 불렀다. 지금 개천 건너 대성 떡방앗간 자리엔 기와집으로 된 연춘옥 주막이 있었다. 일반술집 안동관은 현재 사거리 통닭집 자리다. 고급에 속하는 요정도 여럿 있었는데, 대표적인 곳이 태화관으로 알려져 있다. 일류 요리집을 겸한 곳으로 대문 셋을 통해야 하는 호화 요정이었으며, 현재 새마을금고 동쪽 제일한의원 자리다.

---

4) 『수여지(水餘誌)』, 용인문화원 향토문화연구소, 2009, 1072쪽.

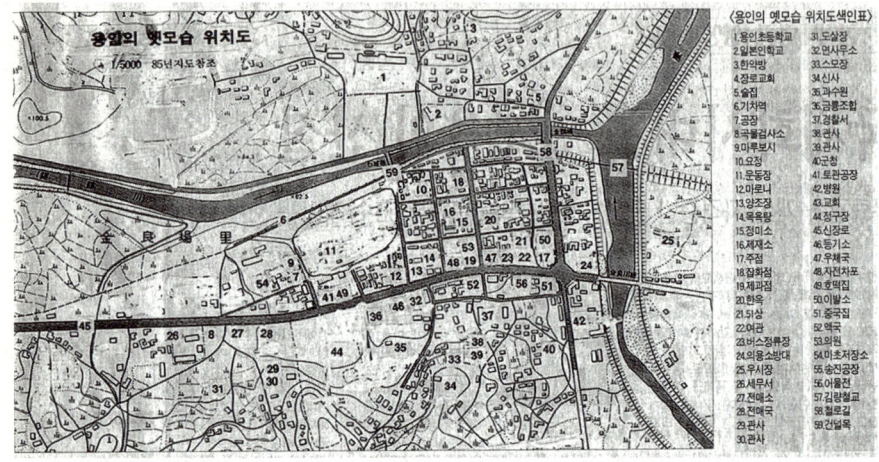

이제학 씨가 작성한 것으로 당시 조원행, 박필동, 임홍규, 남덕현, 박영선 등의 도움을 받아 만들었다. (출처: 『용인시민신문』 제67호, 2000년 8월 5일자)

막걸리를 주조하는 해동양조장이 있었는데, 현재 우리은행 용인지점 자리이며, 주인은 일본 중앙대 출신의 엘리트 조성우 씨였다. 그는 몇 년마다 술 대주는 식당의 외상값을 탕감해 주는 인심을 베푼 것으로 많은 이들이 기억하고 있다.

당연히 공공기관들도 김량장동에 포진해 있었다. 경찰서는 1914년 헌병경찰제 실시로 면사무소 근처에 주둔하며 식민통치를 하다 1919년 용인경찰서로 개칭하여 현 공용주차장으로 이사했다. 경찰서장 관사는 당시 경찰서 뒤편 언덕에 군수관사와 담을 같이 해 일본식 기와집에 울타리가 높은 관사를 지었다. 당시 군수관사는 지금의 거성빌라 자리다.

1934년 5월 용인세무서가 현 처인구청 자리에 개소했다. 용인 광주 천호동 성남 강남까지 용인세무서 관할이었다. 세무서장 관사는 한 때 용인시장 관사로 썼던 현 예절교육관이다.

근대화의 흔적이자, 김량장 133번지를 구성했던 수여선 철로길을 비롯해 정미소, 제재소, 신사, 관측소, 마초 저장소, 배나무 과수원, 씨름장, 활터, 우시장, 도살장, 막걸리 양조장, 송진 기름공장, 정구장, 스모장, 호떡집, 마루보시, 요정, 일본인 학교, 곡물검사소와 같은 것들은 아예 찾아볼 수 없게 됐다.

하지만 133번지는 여전히 용인의 대표 재래시장인 '용인중앙시장'으로 이어지고 있다. 사람과 외양만 달리한 채 말이다. 용인 근·현대사의 중심지로서 용인 최대의 경제공동체를 이루고 있는 곳 김량장동 133번지. 이곳에는 오늘도 750여 개에 달하는 점포가 있고 1,800여 명에 이르는 사람들이 새벽을 연다. 막걸리 양조장과 송진 기름공장이 없어진 대신 순대, 전기전자, 귀금속, 이·미용실, 슈퍼 등 새로운 품목들이 사람들을 시장으로 불러 모은다. 김량장동 133번지는 여전히 살아있다.

6. 용인장 활성화를 위한 콘텐츠 기획

김선정 외*

　재래시장[1]이 생존위기에 처해 있다. 정부의 지원[2]에도 불구하고 재래시장의 회생 기미는 보이지 않고 시장사람들의 불안과 절망은 커져가고 있다. 한국외국어대학교 문화콘텐츠 연계 전공자들은 지역문화 발전을 위해 용인 지역 사회문화 연구를 계속해오고 있던 차, 용인 역사와 사회, 문화의 중심이었던 재래시장인 용인중앙시장과 용인장[3]에 대해

---

* 한국외대 글로벌캠퍼스 문화콘텐츠 전공자들 가운데 2011년 1학기 필자의 '구술사와 콘텐츠 기획' 수업에 참여하여 용인장 발전 방안 기획서를 제출한 학생들의 아이디어를 종합하여 작성한 것이다. 처음 기획에 참여한 학생들은 다음과 같다: 김정은, 류화진, 우초롱, 이응기, 이정철, 정서윤, 정윤아. 덧붙여 김태선, 손소희 학생이 공동으로 작성한 '김량장과 용인사람들의 추억'이라는 용인장 발전을 위한 기획서의 내용도 이 글에 추가·보완하였다.

[1] '재래시장'이라는 뜻이 가치 편향적이라 하여 '전통시장'이라 이름을 바꾸었지만 이 글에서는 일반인들의 이해를 돕기 위해 '재래시장', '전통시장' 두 단어를 혼용하기로 하겠다.

[2] 중소기업청 홈페이지(http://www.smba.go.kr) 통계자료에 따르면 2011년 전통시장 시설현대화사업 15개 시·도 383개의 시장에 총 사업비 약 2,700억 원을 지원하였다.

[3] 조선시대부터 5일, 10일 열려 왔던 오일장으로 김량장동에 열리므로 '김량장'이라 부르기도 한다. 이 글에서는 용인장, 김량장, 오(5)일장 등으로 혼용

주목하게 되었다. 시장과 시장사람들에 대해 조사를 하면서 그 아픈 이야기들과 현실에 직면하게 되었고 이 문제를 해결할 여러 방법을 모색하려는 노력을 기울일 수밖에 없었다. 여기 이 글은 2011년 1년 동안 필자와 함께 7명(김정은, 류화진, 우초롱, 이웅기, 이정철, 정서윤, 정은아)[4])의 학생들이 시장을 직접 발로 뛰면서 시장사람들을 만나고 관련 연구 자료나 기사들, 외국의 사례들을 토대로 서로 머리와 마음을 맞대고 만들어낸 기획들이다.

1. 용인중앙시장과 용인장의 상황과 문제는 무엇일까?

1) 현황

용인시 처인구 김량장동에 위치한 용인중앙시장은 대지면적 3만 8천여m^2, 매장면적 7만 4천여m^2에 점포 수 760개, 종사자 1,900여명의 중대형규모의 시장이다. 또한 처인구 중앙에 위치하였고, 경부, 영동, 신갈~안산 간 고속도로와 17, 42, 43, 45번 4개 국도가 동서남북을 횡단 교차하는 교통의 요충지로 유동인구가 많고 상권이 발달된 곳이다. 실제로 용인중앙시장이 위치한 곳은 번화한 상가의 중심지로, 지역 상권과 매우 밀접하다. 또한 최근에는 용인 경전철 '에버라인'의 개통으로 수지, 기흥은 물론 분당에서도 쉽게 접근할 수 있게 되었다.

경전철 역 중 '김량장 역'과 '운동장·송담대 역'은 실제 오일장이 열리하였다.

---
4) 이 학생들은 이 책의 제 1부에 실린 용인장 구술자들의 구술을 직접 채록하여 생애사를 쓴 저자들이다.

는 구간이므로, 지역주민뿐 아니라 인근 지역민들도 장날만 되면 경전철을 타고 '장'을 즐기는 새로운 문화도 형성되었다. 이러한 지리적 장점 등을 고려할 때 용인중앙시장과 용인장은 무한한 성장잠재력을 보유하고 있음을 알 수 있다.

[표 1] 김량장 시장 특성 및 입지현황

업태의 구분	도매, 소매	지역 입지	• 용인시의 중앙부에 위치하고 있으며, 처인구청과 시외버스터미널에 근접해 있음 • 도시 계획상 일반상업 지역내에 입지
주요 취급품목	야채, 수산, 정육, 순대, 떡, 의류, 잡화		
상인조직 상황	시장 상인회 등록	경쟁 구조	반경 3km내 대형유통매장 4개소 입점
상권의 특성	업종별 점포종류는 의류점, 일반음식점, 전기전자점, 귀금속, 농수산물점, 숙박시설, 교육 및 의료시설, 미용실, 슈퍼, 기타식품 접객업소 등 다양한 업종으로 구성되어 있고, 의류점과 기타식품 접객업소가 주를 이루고 있으며, 재래시장 인근 경안천변을 따라 정기 오일장이 열리고 있으며 주변 1km근방에 농협하나로마트, 롯데마트, GS 슈퍼마켓 등 중형할인점이 입지하고 있음. 지역입지 여건으로 볼 때 이용고객의 접근성이 용이하고 주변 인구수를 감안할 때 상권으로서 높은 잠재력을 지니고 있음		

[표 2] 매장 및 점포수, 종사자 현황

매장현황 (m²)	계	74,826
	직 영	20,253
	임 대	54,773
	분 양	-
점 포 수 (개)	계	751

	직 영	204
	임 차	508
	노점등 (빈점포)	39 (13)
	계	1,882
종 사 자 (명)	직 영	239
	임 차	508
	상 용	1,100
	노점 등	35

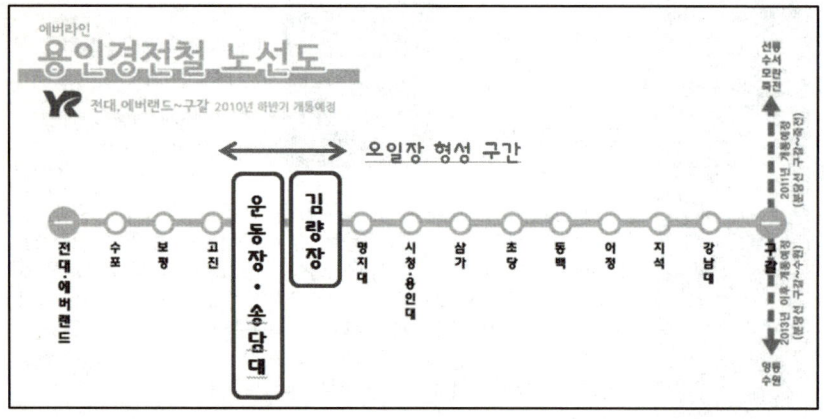

[그림 1] 용인경전철 노선도와 김량장

용인중앙시장의 현재 마케팅

2011년 필자와 함께 학생들은 용인중앙시장 상가번영회 정평훈 사무국장을 만나 용인중앙시장의 이모저모를 들을 수 있었다. 특히 시장 발전을 위해 상인들의 서비스 마인드 개선을 위한 교육, 아케이드 지붕 및 주차장 건설 등 시장의 현대화를 위해 정부의 지원을 받기 위한 노력

6. 용인장 활성화를 위한 콘텐츠 기획_ 113

등, 상인들의 협력단체인 번영회의 다양한 활동과 노력이 매우 인상 깊었다. 다음은 정평훈 사무국장이 해준 이야기에 학생들이 직접 찾은 자료들을 보완하여 용인중앙시장이 현재 추진하고 있는 마케팅의 종류를 기술한 것이다.

(1) 공동마케팅 사업 : 이벤트 축제 개최, 시장소식지·홍보전단지 제작·배포 등 홍보사업, 고객동선 확보를 위한 고객선 지키기 캠페인 및 도색작업 실시, 공동쿠폰 홍보 등 추진

(2) 특가판매사업 : 4월부터 11월까지 월 1회(매월 3째주 금요일) 연 8회 열리며 상인회가 총괄해 실시, 5월에 가정의 달 이벤트, 10월에 고객참여 이벤트 행사와 연계 실시하는 등 전통시장의 다양한 상품을 판매·홍보

(3) 적립식 공동쿠폰제 : 소비자가 5,000원 이상 상품을 구입하면 100원권 공동쿠폰 1매를 지급하고, 공동쿠폰 50매를 모으면 중앙시장 상인회에서 5천 원 상품권으로 교환, 시장 내 400여 개 가맹점에서 현금처럼 사용할 수 있게 함

(4) 시장안내책자 : 내외부 고객에게 점포별 특징과 위치를 안내하는 전통시장 안내책자를 5월 중 3,000부를 제작해 6월에 주민과 고객, 상인에게 홍보·특화·우수점포를 소개하고 고객중심의 쇼핑편의를 제공해 시장 홍보효과를 높이고 매출향상에 기여

(5) 상품권 5%할인 : 전통시장상품권으로 전통시장(상품권 취급가맹점)에서 쇼핑을 하면 5%의 할인효과를 누리고 무료 주차권도 받을 수 있는 제도

(6) 중앙시장아카데미 : 점포 유형별 맞춤형 교육, 선진시장 견학, 우수시장 박람회 참가, 정보화 교육 등 다양한 프로그램을 운영해 시장상인들의 경영마인드 혁신을 도모

2) 분석

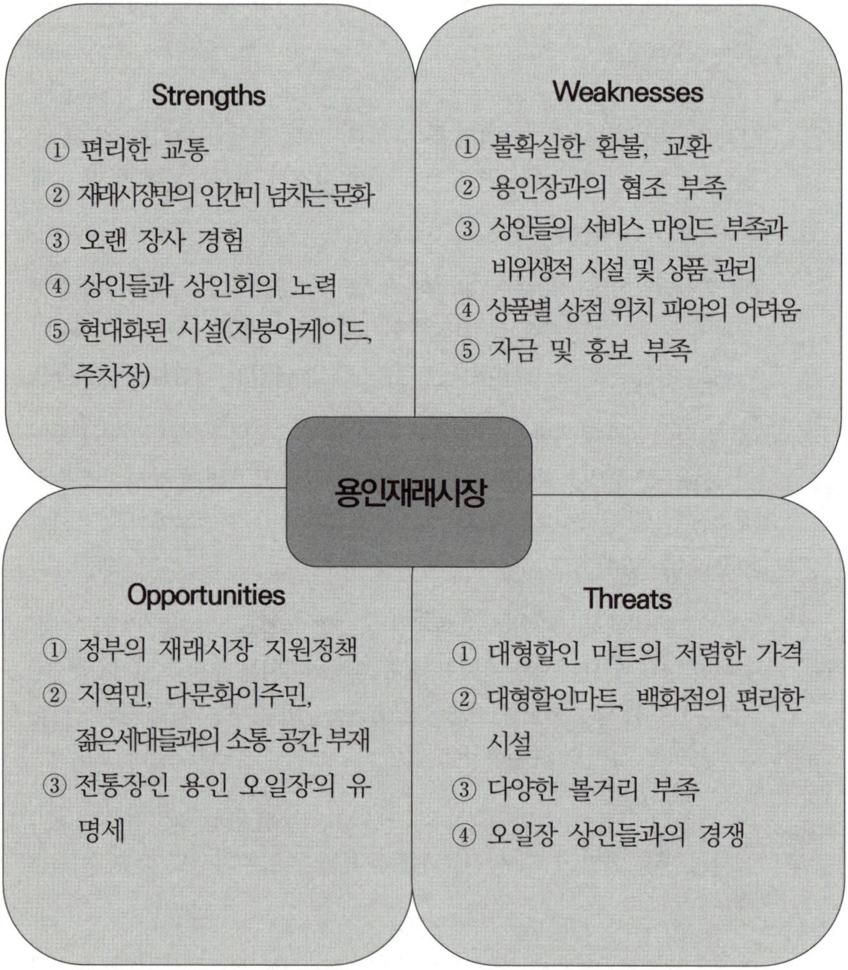

용인재래시장

Strengths
① 편리한 교통
② 재래시장만의 인간미 넘치는 문화
③ 오랜 장사 경험
④ 상인들과 상인회의 노력
⑤ 현대화된 시설(지붕아케이드, 주차장)

Weaknesses
① 불확실한 환불, 교환
② 용인장과의 협조 부족
③ 상인들의 서비스 마인드 부족과 비위생적 시설 및 상품 관리
④ 상품별 상점 위치 파악의 어려움
⑤ 자금 및 홍보 부족

Opportunities
① 정부의 재래시장 지원정책
② 지역민, 다문화이주민, 젊은세대들과의 소통 공간 부재
③ 전통장인 용인 오일장의 유명세

Threats
① 대형할인 마트의 저렴한 가격
② 대형할인마트, 백화점의 편리한 시설
③ 다양한 볼거리 부족
④ 오일장 상인들과의 경쟁

[그림 2] 용인시장 SWOT 분석

이상 용인중앙시장의 지리적 요건과 점포 상황, 그리고 오일장과의 관계 그리고 시대적 변화로 인한 문제들을 중심으로 SWOT분석을 해보았다.

2. 그래서 어떻게 하면 좋을까?

SWOT분석은 상황을 진단하여, 위협요소를 파악 분석하고 이에 대한 대비책을 강구하고 약점을 보강, 기회를 이용하여 강점을 주무기로 추진하여야 한다는 결론을 도출하게 한다. 용인중앙시장의 위협요소는 대형마트와 오일장의 가격 그리고 볼거리 부족이라는 문제이다. 가격적인 측면은 현재 유통구조와 오일장의 상황과 경쟁이 되지 않으므로 저가 마케팅을 추진하는 것은 결국 용인중앙시장의 생존을 불가능하게 하므로 옳지 않다고 판단된다. 오히려 약점인 환불, 교환을 확실하게 해주는 등의 친절한 서비스 개선, 비슷한 상품류끼리의 상점 재배치와 위생 강화, 이벤트와 축제성의 홍보 등을 강화하여야 한다는 결론을 도출하였다.

현재 용인시 주민의 구성은 현대화를 겪으며 매우 다양해지고 있다. 먼저 수도권 지역의 대학의 증가로 용인시를 중심으로 인근 11개 대학(한국외대, 단국대, 명지대, 용인대, 송담대, 강남대 등)의 대학생들이 용인 지역에서 생활하고 있다. 또한 70년대 이후 크고 작은 중소기업들이 교통과 유통의 이유로 수도권인 용인지역에 많이 건설되었고, 이들 공장의 노동 수요에 따라 90년도 이후에는 다문화 이주민들이 매우 급증하고 있는 상황이다.

그러나 용인시에는 상설적인 지역주민들의 소통 공간[5]도 부재하고 인근 대학의 젊은 세대들과 소통할 수 있는 문화 공간도, 다문화 이주민들

과 삶과 문화를 나누는 공간도 없다. 이것을 기회로 용인중앙시장이 그
리고 용인장이 이들 집단간의 소통 공간으로 그 성격을 바꾸어 용인 지
역 발전의 중심 역할을 담당하는 것이 용인중앙시장이 생존할 수 있는
방안이라 고려된다. 즉 물건을 사고파는 경제적 행위를 중시하는 공간보
다는 문화적 가치를 거래하고 향유하며 소통하는 사회 문화적 공간으로
변형되어야 한다.

SWOT 분석 결과, 용인중앙시장 및 용인장의 발전을 위해 다음 <u>7가지
개선</u> 방향을 제안하고자 한다.

1) 스토리 파크 마켓(Story Park Market) 만들기

용인전통시장과 오일장이 세대, 인종, 계층 간의 소통공간이 되려면 먼
저 이야기가 있어야 한다. 용인중앙시장과 전통장만이 가지고 있는 이야
기가 있어야 사람들을 모을 수 있는 계기 즉 '거리'가 된다. 전통시장의
스토리텔링은 대략 5가지로 세워볼 수 있는데, 이는 '시장의 유래에 관한
이야기', '상인과 가게의 이야기', '단골의 이야기', '시장의 특성에 관한 이
야기', '새로운 이야기의 창조'다.6) 여기에 더해 구술 작업을 통해 드러났
던 상인들의 삶 속에 담겨진 그들의 가치관, 생활 이야기 등을 시장을
찾는 사람들과 공감·소통하면서 상품에 의미와 가치를 더하는 것이 중
요하다. '오늘 내가 산 이 그릇은 대형마트에서 구입한 그냥 평범한 밥그
릇이 아니라 손님의 상황과 마음까지 배려한 그릇', '한평생 이 가게에서

---

5) 지역주민들을 위한 문화센터와 스포츠 센터가 있지만 주로 강좌개설식으로
운영되고 있어, 삶과 문화를 나누는 측면의 교류 등의 소통은 어려운 편이다.
6) 홍숙영, 『스토리텔링, 인간을 디자인하다』, 상상채널, 2011 참조.

그릇을 팔며 아이들을 대학까지 공부시킨 금창현 씨를 있게 한 그 '그릇'인 것이다. 그 그릇을 쓰면서 판매자의 삶과 가치관을 향유할 수 있게 되는 것이다. 즉 적절한 스토리텔링이 가미된다면, 기존에 용인중앙시장을 방문하던 사람들에게는 본인들의 추억과 시장의 스토리가 합쳐져 더 좋은 기억으로 남을 수 있고, 처음 방문하는 방문객들에게는 시장의 유래나 특성에 관한 이야기를 통해 정신없고 비위생적으로만 느껴졌던 시장의 정(情)을 같이 공감하는 계기가 될 수 있다.

우리가 구술을 한 현대리빙샵의 예를 들어보자. 금창현 사장의 구술에서 알 수 있었던 그의 가치관을 토대로 그 내용을 각 상점의 앞에 푯말을 세워 그 상점의 스토리를 표기하고, 각 상점의 간판에 그 상점 상인의 캐리커처 캐릭터와 재미있는 말풍선을 넣어보자. 다른 방법도 얼마든지 가능하다. 이러한 디스플레이로 재래시장 전체를 하나의 스토리 파크형 마켓으로 만들어 소비자들에게 볼거리를 제공하여 즐거움을 줄 수 있다.

또한 스토리 푯말과 캐리커처와 말풍선을 이용한 간판이 '스토리가 있는 시장'이라는 용인중앙시장만의 특화된 개성을 만들어 준다. 스토리

[그림 3] 캐리커처와 스토리보드 예시

풋말과 말풍선으로 그 동안 소비자들이 알지 못했던 상인들의 이야기를 알게 함으로써 소비자가 물건만 구매하고 끝나는 단순 소비형 객체가 아니라 그 상점과 함께한다는 주체적인 마음을 갖게 하고, 한편 소비자들을 위해 양심적으로 장사를 해 왔던 상인

[그림 4] 현대리빙샵 스토리마케팅 사례

들의 노력과 마음을 직접 전달함으로 판매자와 소비자가 서로 이해할 수 있게 하여 행복한 소비 문화를 창출할 수 있게 해준다.

2) 핸드 맵(Hand Map) 제작과 비치

용인중앙시장은 규모가 크고 골목이 복잡하여 자주 방문하던 사람이 아니면 길이나 상점을 찾는 데 어려움이 크다. 비록 시장 내부에 안내판이 설치되어 있기는 하지만, 이 또한 상세하게 나와 있지 않다. 따라서 소비자가 직접 손에 들고 시장을 다닐 수 있는 핸드맵을 제작하여 시장 곳곳에 비치한다면 누구나 매우 편리하게 시장을 이용할 수 있을 것이다. 핸드맵은 앞면에는 용인중앙시장의 지도를 표시하고 시장 홍보 문구를 넣는다. 뒷면에는 용인중앙시장을 포함한 부근의 지도를 게시하여

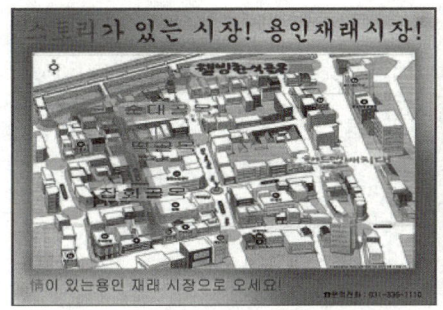 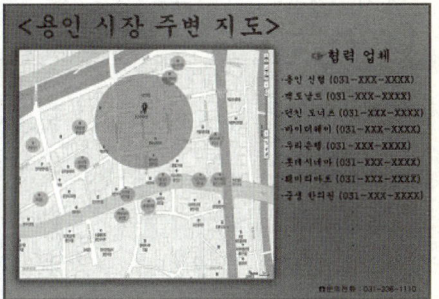

[그림 5] 용인 김량장 핸드맵 앞면·뒷면 예시

근처 놀거리, 볼거리 등의 정보를 제공하고 근처에 있는 상점 등을 표시함으로써 소비자들이 더 편리하게 용인 시장을 이용할 수 있게 한다.

3) 온라인시장(Online Market)과 앱(App) 개발

이러한 스토리파크형 마켓과 핸드 맵을 온라인이나 모바일상에서도 구현하여 시간과 장소를 구애받지 않고 쉽게 이용할 수 있도록 구현한다. 온라인상에서도 실제 용인중앙시장 상점 거리와 구조를 그대로 구현하고 상품과 상점주와 이야기를 담은 문화콘텐츠를 개발하여 이용자가 실제 시장에 온 것과 같은 재미를 주는 엔터테인먼트 요소를 잘 살려야 한다. 예를 들어서 3D를 이용한 가상공간을 제작하여 상품을 경험해 본다거나 먹거리와 놀거리 등을 이용한 게임 코너를 개설하여 재미를 더하는 것도 중요하다. 게임머니 또한 실제 용인시장에서 사용할 수 있는 방안을 마련한다.

4) 전시 문화 공간 건립

소통의 또 다른 차원으로 용인의 옛모습과 이야기를 알리는 방안으로 상설 전시기획을 제안한다. 물론 이 공간은 용인 역사와 사회 문화를 다양하게 보여줄 수 있는 전시 공간으로 겸해서 활용되어야 할 것이다.

용인시는 최근 급변하여 과거의 형태를 알아 볼 수 없게 되었다. 역사를 돌아보고 그 변화를 공유하는 것도 같은 지역 주민의 정체성을 형성하는 데 매우 중요한 요소이다. 이러한 측면에서 과거 용인시와 시장의 모습들을 지역민들에게 전시하여 그 가치를 공유하는 것은 매우 중요하다 여겨진다. 이러한 행사는 기존에는 문예회관, 행정타운의 전시실 등에서 진행되었다. 사진을 전시하거나 행사를 진행하는 데 있어 그러한 장소가 적절하기는 했지만 사람들이 일부러 시간을 내서 찾아가야만 했

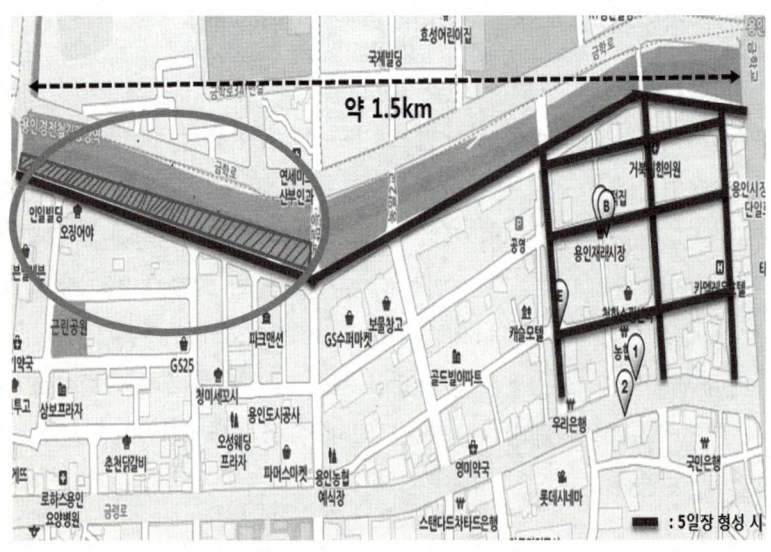

[그림 6] 오일장 형성구간 & 전시구간

기 때문에, 일반 주민들과 역사와 문화를 공유하고자 하는 목적에는 그다지 부합하지 못하는 단점이 있었다. 그래서 시민들이 가장 많이 모이는 곳에 이러한 전시 등을 위한 상설 문화 공간을 건설한다면 '우리의 용인'이라는 애향심과 소속감을 더욱 갖게 하는데 기여할 뿐 아니라 시민들이 가장 많이 찾는 용인시의 또 다른 명소가 탄생할 것이라 여겨진다.

[그림 6]을 보면 굵은 직선으로 표시한 부분은 기존의 용인 재래시장과 오일장이 형성되는 구간이다. 오른쪽은 재래시장인 용인중앙시장 구역이며, 오일장은 경안천변을 따라 길게 형성되고 있다. 2차선의 좁은 골목길에 양옆으로 노점들이 약 1.5km 정도 펼쳐져 오일장을 이룬다. 이곳에는 자전거 도로가 조성되어있어 오일장이 열리지 않을 때는 시민들의 체육공간로 이용되고 있다. 이 구간 중 동그라미 친 부분 정도에 상설 전시 및 문화공간의 설립이 타당할 것이라 고려된다.

[그림 7]은 가장 간단한 방법의 전시 예시만을 보여준 것이다. 그러나 현대의 전시는 좀 더 다양한 차원과 측면에서 기획되어야 한다. 놀이와

·장점: 주변환경을 해치지 않고, 공간을 가장 효율적으로 사용 할 수 있다.

·단점: 비용이 많이 든다. 설치 방식에 따라 벽 훼손의 가능성이 있다.

디지털 모니터 붙박이식 설치

[그림 7] 전시방법 예시

보상을 전시에 가미해서 용인시장과 유기적인 방법으로 운영되어야 할 것이다.

구체적으로 그림으로 제시하지는 않았지만 전시문화공간을 코너별로 나누어 시대적 테마를 구상하여 전시하는 것도 좋은 방법이다. 이는 이용자로 하여금 전시에 관한 이해를 높이고 흥미를 유도할 수 있게 해준다. 그냥 단순히 보여주는 것은 재미도 없을 뿐 아니라 의미도 없다. 각 코너마다 중심이 되는 이야기나 전시를 디지털화 하여 참여자가 클릭함으로써 이야기가 전개되는 방식을 구현하거나 조선시대 용인장을 3D 체험으로 즐길 수 있는 공간 등을 만들어 보는 것도 좋을 것이다.

또한 전시는 보여주는 것뿐 아니라 참여할 수 있는 코너를 개설하여 용인시 관내 학교와 연계하여 체험학습의 장으로 운영하며 미션을 개설하여 완수한 참여자에게는 기념품이나 용인시장 할인권 혹은 상품권을 받을 수 있도록 기획하여 활용 가치를 높인다.

이러한 공간을 기획할 시 유의할 점은 주변의 시설을 현대화함과 동시에 나무와 분수 등 쉼터를 배치하여 쉬면서 즐길 수 있도록 설계하여야 한다. 우천시를 대비한 지붕이나 실내 공간 마련도 고려하여야 한다. 또한 주변에 간이식 공연장도 함께 건설하면 더욱 바람직하다.

5) 상품 종류별 구역 정리와 웰빙 한식 거리 조성

현재 용인중앙시장은 순대골목과 떡골목 이외에는 다양한 상품을 판매하는 상점이 여기저기 흩어져 혼재되어있다. 의류, 생활용품, 농산품, 과일 등 판매품의 종류를 구분하여 구역별로 재정비할 필요가 있다.

여기에 덧붙여 현재 용인중앙시장에는 순대와 떡 이외에는 먹거리가

6. 용인장 활성화를 위한 콘텐츠 기획_ 123

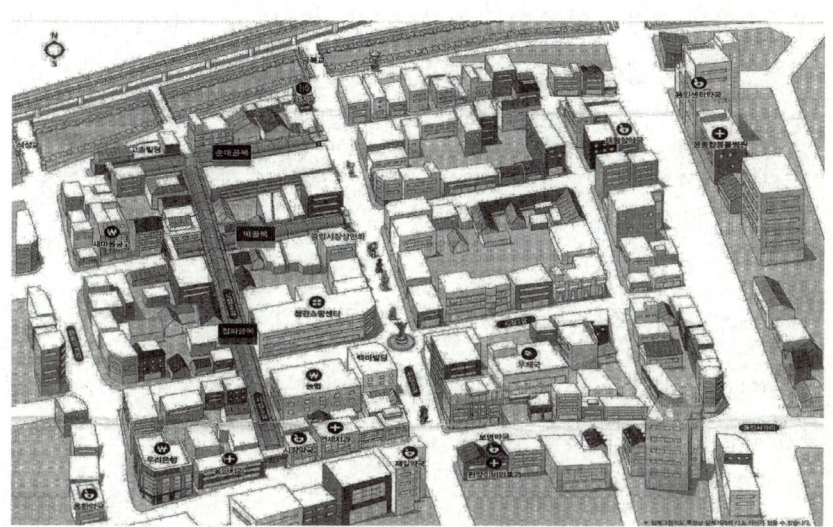

[그림 8] 현재 용인중앙시장의 입체도

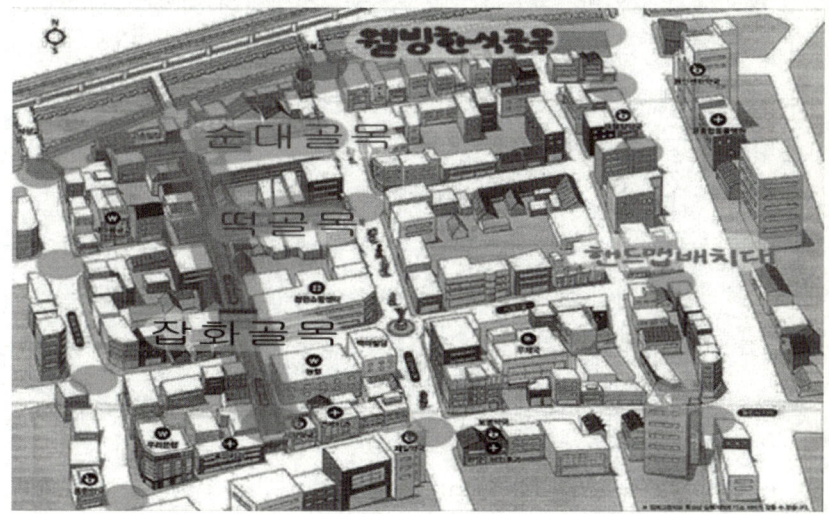

[그림 9] 변화된 용인중앙시장의 입체도

부족하다는 의견이 있어 이를 개선하고자, 지역민 누구나 편하게 용인중앙시장과 용인장에 와서 상시 즐길 수 있는 웰빙 한식 거리를 제안하고자 한다. 이 거리를 경안천변에 위치시킴으로써 주변 경관을 이용하여 휴식과 건강을 위한 명소로 부각시키면 좋을 듯하다. [그림 9]는 웰빙 한식 거리의 조성 지역을 표시한 것이며, ●는 핸드맵 배치대이다.

6) 소셜 커머스(Social Commerce)와 연계

현대의 홍보수단에 하나인 소셜 커머스와 연계를 통해 웹 공간에 시장의 판매 및 홍보 영역을 확대한다. 기존의 타 업체처럼 단순 물건 판매 형태가 아니라 시장 내 특색 있는 집을 소개하거나, 판매자의 이야기를 담은 즉 스토리 마켓의 특성을 살린 쿠폰이나 상품권을 발행하는 것이다. 백화점과 할인마트와는 다른, 용인중앙시장만의 이야기를 통해 '정이 있는 시장', '나눔의 시장'이라는 이미지를 부각시켜 소비자의 관심과 참여를 유발한다. 상품권이나 쿠폰은 용인중앙시장과 주변 인근 상점이나 영화관 등 문화 공간에서 쓸 수 있도록 활용 범위를 극대화한 것이어야 한다. 이는 인근지역 상점과 업체들과 협조˙상생적인 차원뿐 아니라 수익을 극대화할 수 있는 방안이므로 매우 중요하다. 이러한 소셜 커머스와 연계는 특가상품 판매 및 상품권 판매율을 높이는 동시에 소셜 커머스를 이용하는 젊은 층에게 지속적인 노출을 통한 광고효과 또한 기대할 수 있다.

7) 지역주민들, 다문화이주민, 대학생들과 소통공간으로 탈바꿈

우리나라 전통시장의 기능은 단순히 물건만을 사고파는 소비만을 목

6. 용인장 활성화를 위한 콘텐츠 기획_ 125

[그림 10] 소셜 커머스와 연계 예시

적으로 한 형태가 아니었다. 그곳은 장사하는 사람들이나 물건을 사는 사람뿐 아니라 '장날'을 즐기는 지역 주민들의 문화 공간이었다. 지역의 정치, 문화, 경제, 사회 등 크고 작은 일에 대한 정보를 교류하고 평하는 등 여론을 만들어내기도 하였고, 투전판이나 엿치기 등 다양한 구경거리에 모두 혼이 빼앗겨 즐기기도 하였다. 할머니들이나 아낙네들도 물건을 사고파는 것보다 사람을 만나고 대화하는 재미로 장이 열릴 때마다 외출하였고, 아이들도 특별한 목적을 가지고 장을 찾기보다는 장날의 떠들썩한 시장의 분위기를 즐기며 친구들과 놀기 위해 그곳을 찾았다. 즉 '커뮤니티(community)적 요소'가 강했다.

용인중앙시장과 용인장은 이러한 우리의 전통적인 성격을 담보하는 커뮤니티형 공간을 회복하는 것을 주목표로 해야 한다. 앞에서도 언급했지만 용인시에 거주하고 있는 주민들의 구성이 매우 다양해졌다. 대대로 용인에 거주한 토박이들만 살고 있는 것이 아니다. 관내 11개 대학의 7만여 대학생들과 90년대 이후 부쩍 늘어난 외국인 노동자들과 다문화 가정들, 이러한 현실에 맞춰 각기 다른 지역, 계층, 세대간의 소통을 위한 공간으로 만들어 그들을 대상으로 한 마케팅을 개발하는 것이다.

거칠지만 예를 들어보면, '안녕하세요, 여러분의 용인시장입니다.'라는 식의 홍보성 기획 행사를 마련하여 외국인 이주자들이 전통시장에 모여 그들끼리 만나서 활동할 수 있는 교류의 장을 마련하고 더 나아가 한국인들과도 서슴없이 교류하는 커뮤니티를 제공하는 것이다. 그들은 대형마트나 온라인쇼핑몰에서는 만날 수도 경험할 수도 없는 '친밀감'이나 '소통'을 사기 위해 전통시장으로 모일 것이다.

또 다른 구상은 요즘 대학 등록금 인상으로 인해 사회적 약자로 인식 되는 대학생들을 대상으로 한 마케팅을 생각해볼 수 있을 것이다. '힘내세요! 대학생 여러분!'과 같은 기획을 통해, 대

[그림 11] 용인중앙시장 인근 대학교

학생들이 일할 수 있는 공간을 제공하거나, 대학생들이 값싸게 식사를 해결할 수 있는 공간, 대학생들만의 어려움과 배움을 공유할 수 있는 커뮤니티를 제공해주는 것이다.

이와 같이 사회적 약자로 인식되는 계층을 위한 마케팅을 펼쳐 풀뿌리 인프라를 구축하고 더 나아가 기존의 용인시민들과 공생하는 방법을 찾는 공간이 된다면 용인의 전통시장은 회생을 넘어 용인의 중심으로서 옛 명성을 되찾을 것이다.

이러한 변환 말고 또 하나의 과제가 있다. 바로 시장 상인들 스스로 이미지 변화를 도모해야 한다는 것이다. 전통시장하면 떠오르는 이미지, 즉 좋게 말하면 향토적 이미지이지만고 나쁘게 말하면 촌스럽고 구닥다리 이미지, 가난하다, 지저분하다는 이미지 등을 탈피할 필요가 있다. 앞서 이야기한 제안들을 실현하여 다양한 세대와 계층 인종간의 소통의 장으로 문화, 웰빙, 휴식 그리고 재미가 있는 공간으로 탈바꿈한다면 용인중앙시장과 용인장의 미래는 기대할 만하다.

3. 그래서 무엇을 기대할 수 있을까?

한마디로 재래시장의 회생이다. 용인중앙시장은 용인에서 가장 큰 재래시장이며 용인장은 역사와 전통을 자랑하는 우리의 유산이다. 현재 시장을 지키던 많은 사람들이 떠나고 있으며 가업을 잇는 상인은 거의 없다. 용인장도 '장날'이 주는 문화적 특색이 사라진지 오래이다. 앞의 제안으로 용인중앙시장이 탈바꿈한다면 재래시장이라는 우리의 전통을 지킬 수 있을 뿐 아니라 침체를 겪고 있는 전국의 많은 재래시장들의 모범사례가 되어 지역 경제의 활성화를 도모할 수 있을 것이다.

또한 대기업이 그 규모를 축소해 마을까지 들어와 정서와 문화를 변질시키고 있는 이때에 이러한 모색은 동네 상권을 보호할 뿐 아니라 소비자를 소비만하는 객체가 아니라 직접 참여하여하는 주체가 되게 함으로 새로운 지역 경제 문화를 창출하여 행복한 나, 건강한 마을을 만들 수 있을 것이다.

　여기 한 학생이 쓴 변화된 용인중앙시장을 다녀온 가상 일기를 싣는다.

발전된 용인시장 나들이 (가상 일기)

20XX년 8월 24일

　오늘 윤아, 초롱이, 웅기와 함께 용인 시장에 놀러 갔다. 방학 전 용인중앙시장에서 주최한 '힘내세요! 대학생여러분!'을 통해 알게 된 한 회사에서 아르바이트를 한 돈으로 소셜 커머스에서 용인중앙시장 상품권을 싸게 팔기에 잔뜩 샀기 때문이다. 이 상품권은 재래시장 안에서뿐만 아니라 협력 상점에서도 사용할 수 있기 때문에 기회가 있을 때 많이 사는 것이 이익이다.

　우리는 외대 사거리에서 모여 20-1번 버스를 탔다. 30분 정도 가니 용인 재래시장에 도착했다. 도착하니 점심을 먹을 시간이어서 친구들과 웰빙 한식 골목에 들어가 밥을 먹었다. 저번에 쌈밥 집에 가봤기 때문에 이번에는 생선구이 집에 갔다. 역시 웰빙 골목에 있는 식당답게 건강식이어서 살찔 걱정 없이 마음껏 먹었다. 웰빙 한식 골목은 건강식 메뉴가 많아서 그런지 특히 젊은 여성들이나 어른들한테 인기가 좋았다. 생선구이 정식을 시키니 여러 가지 생선 구이들과 계절 나물 등의 밑반찬이 잔뜩 나왔다. 저렴한 가격에 비해 푸짐한 식탁을 보고 우리는 입이 떡 벌어졌다. 우리 모두 고등어구이를 좋아해서 고등어구이가 제일 빨리 없어졌는데 인심 좋은 사장님께서 서비스로 한 마리를 더 구워 주셔서 너무 기뻤다. 역시 이런 것이 재래시장의 묘미랄까!

그렇게 친구들과 이야기 하면서 밥을 먹고 있는데 창밖으로 보이는 경안천에서 아이들이 물장난을 하며 놀고 있었다. 여름이라 아이들이 노는 모습이 즐겁고 시원해 보였다. 우리도 식사를 마치고 경안천에서 어린애들 마냥 신나게 물놀이를 했다. 원래는 밥 먹고 바로 영화관 가서 영화를 보려고 했지만 옷이 젖어 버려서 옷도 말릴 겸 시장 구경을 하기로 했다.

용인 재래시장의 가장 큰 특징은 스토리가 있는 시장이라는 것이다. 재미있는 캐릭터 간판과 이야기가 있는 푯말들이 마치 스토리 공원에 온 것처럼 이야기를 들려줘서 정말 재미있게 시장구경을 했다. 여름이라 햇살이 좋아 옷은 금방 말랐지만 우리는 시장의 이야기 푯말과 캐릭터들을 구경하고 소소한 물건들을 사느라 옷이 마른 줄도 모르고 시장을 돌아다녔다. 시장은 꽤 큰 편이었지만 입구에서 가져온 핸드맵이 있어 효율적으로 시장을 다 구경할 수 있었다. 그렇게 넋을 놓고 시장을 구경하다가 영화 시작 시간이 거의 다 되었다.

영화관에 도착한 우리는 인터넷에서 산 상품권으로 영화티켓을 구매하여 영화를 봤다. 팝콘과 음료도 상품권으로 살 수 있어서 정말 편리했다. 저녁이 되어 배가 고파져서 순대골목에 가기로 했다. 용인 시장에 있는 백암순대는 유명할 뿐만 아니라 우리가 평소에 사먹는 순대와는 그 맛도 다르기 때문에 역시 여기에 오면 순대를 먹어줘야 한다며 우리는 순대거리로 갔다.

저녁시간이라 그런지 사람들이 많아 시장이 북적거렸다. 순대 집에 들어가 우리는 족발, 순대볶음, 곱창전골 등을 시켰다. 배가 고팠기에 음식이 나오자마자 허겁지겁 맛나게 먹기 시작했다. 옆자리에는 베트남인지 어딘지 알 수 없으나 이주민 노동자들 셋이서 순대국밥을 먹고 있었다. 외국인들이 우리 전통 음식을 먹고 있는 게 너무 신기하여 "맛이 어떠냐"고 물어보았더니 "맛있다"며 "제일 좋아하는 음식"이라고 했다. 그들은 한국말도 썩 잘했다. 젊은 사람들끼리여서인지, 소주도 한잔 걸쳐서인지 금방 친해져서 합석하기로 했다. 그중 필리핀에서 온 분은 대학에서 박사학위도 받았단다. 정말 놀랐다. 이주 노동자들은 다 어렵고 가난한 나라에서 온 학력도 지위도 없는 사람들인 줄만 알았는데… 하여간 우리 테이블이 재미있고 즐거워 보였는지 주인아주머니께서 서비스라면서 순대를 더 주셔서 너무 좋았다. 역시 재래시장에 오면 덤이 있어 행복하다. 대형마트나 백화점에서는 꿈도 꿀 수 없는 일이다. ㅎㅎ 그렇게 기분 좋게 저녁을 먹고 역시 상품권으로 계산을 하고 나왔다. 상품권 최고!! 짱!!!

그 동안 취직을 위한 스펙 쌓기와 전공 공부, 아르바이트로 지쳤던 방학이었는데 오랜만에 친구들이랑 웰빙과 휴식 그리고 뭔가를 배운 하루였다. 아… 다음 주에 개학이다. 다시 일상으로 복귀!!!

제2부

백암장 사람들과
백중문화제

1. 백암의 명물 백암순대의 두 전수자 박애자-김미정

김효순·박준설

백암순대와의 첫 만남

백암순대(사진:김명수)

순대를 좋아하는가? 탱탱한 껍질에 속이 가득 채워져 수북이 담긴 순대를 보면 참 먹음직스럽다. 수업 과제의 일환으로 백암을 주제로 한 '구술면담'을 실행하기 위해 백암으로 답사를 갔다. 백암장이 한창이었다. 북적거리는 장에서 우리가 처음 발을 내딛은 곳은 백암순대 전문점인 제일식당. 제대로 조사를 하려면 허기진 배부터 달래는 것이 순서라 생각하고 먼저 식당으로 들어갔다. 백암의 명물로 손꼽히는 백암순대와 백암막걸리를 주문했다. 음식이 나왔고 순대를 한 점 입에 넣는 순간, 신선한 충격이었다. 담백하면서도 깔끔한 풍미가 입맛을 사로잡았다. 순대 하나에 갖은 양념을 한 야채와 돼지 선지, 그리고 머릿고기까지 다양한 재료들이 다채로운 색으로 어우러져 있었다. 순대라고는 '식용비닐 당면순대'만 먹어왔던 우리에게 백암순대와의 만남은 단순히 맛 좋은, 새로운 음식을 접한 것 그 이상이었다. 우리는 백암순대가 백암을 대표하는 명물이자 최고의 향토음식이라는 것에 깊이 공감했고 백암순대에 대해 더 알아보고 싶어졌다. 백암순대에 초점을 맞추어 구술면담을 진행한다면 매우 흥미롭고 유익할 것이라고 생각했다.

백암순대를 만드는 사람들

백암순대에 대해 이야기를 들려줄 구술자를 찾아야 했다. 두 분의 구술자를 섭외했다. 첫 번째 구술자로 모신 분이 제일식당 사장님이신 박애자 할머니다. 할머니는 백암에서 태어나진 않으셨지만 어릴 적부터 타고난 장꾼이셨다. 백암에 시집 온 후, 여러 장사를 하며 경험을 쌓으셨고 현재 백암순대집을 십 수 년째 운영하고 계신다. 또 다른 구술자 한 분은 백암토박이로서 대를 이어 백암순대를 계승해오고 있는 김미정 씨다. 본인이 태어나기 전부터 어머니와 할머님이 백암순대를 최초로 개발하여 만들고 가게를 꾸려나가셨다. 그 가게가 현재 김미정 씨가 운영하고 있는 중앙식당이다.

두 분과 구술면담을 하면서 알게 된 것들을 바탕으로 각 주제마다 그분들의 목소리를 중심으로 가상대화를 꾸며보았다. 백암 발전을 위한 프로젝트를 수행하는 '백암서포터즈'가 제일식당의 박제일, 중앙식당의 김중앙 씨를 만나 면담을 진행하는 방식이다. 실제 면담은 박애자 씨와

1. 백암의 명물 백암순대의 두 전수자 박애자-김미정 _ 135

박애자 씨와 제일식당(상), 김미정 씨와 중앙식당(하)

김미정 씨를 각각 따로 만나 진행하였고 그 때 알게 된 내용을 기초하여 두 분과 함께 진행하는 가상 인터뷰로 만들어낸 것이다. 백암순대를 만드는 사람들, 그들의 이야기에 주목해보자.

서포터즈 : 안녕하세요. 오늘은 백암의 자랑, 깊고 진한 풍미가 일품인 백암순대의 이모저모를 살펴보도록 하겠습니다. 이야기를 들려주실 두 분을 모셨는데요. 백암순대의 종가 중앙식당 사장님이신 김중앙 씨와 백암순대의 블루칩 제일식당 사장님이신 박제일 씨와 함께 이야기 나눠볼게요. 먼저 두 분, 출생지와 고향을 말씀해주시겠어요?

박제일 : 음, 내가 먼저 말할게. 나는 현재 백암에 살고 있고 몇 안 되는 전통백암순대집 중 하나인 제일식당을 운영하고 있어. 하지만, 백암에서 태어나고 자란 백암토박이는 아니야. 나는 일제강점기 말, 1940년대 초에 충청북도 장호원에서 태어났어. 그리고 시집오기 전까지는 쭉 그곳에서 자랐지. 이제 내 나이가 일흔이 넘었어.

김중앙 : 저는 1958년, 백암에서 나고 자란 백암토박이에요. 사실 백암순대와는 나면서부터 연을 맺었다고 해도 과언이 아니에요. 왜냐하면 제가 태어나기도 전에 어머니와 할머니께서 만들어 파셨던 것이 현재 백암순대의 시초이기 때문이죠.

서포터즈 : 그럼, 두 분은 현재 같은 일을 하고 계시지만, 출생지와 출생시기가 다르니 그만큼 다른 어린 시절을 보내셨겠네요. 어린 시절 이야기를 좀 해주세요.

박제일 : 충북 장호원은 그 때 당시 그저 허허벌판에 가까웠다구. 지금은 그곳에도 공장과 높은 건물들이 들어섰지만 말이야. 내 어린 시절, 가장 큰 사건은 6·25전쟁이었어. 전쟁이 발발하고 우리 가족들은 피란을 갔지. 그 때 내가 9살이었어. 말 그대로 혼돈의 시기였지. 목숨이 왔다갔다하는 상황에서 공부는 아예 생각조차 못했어. 지금까지도 6·25하면 퍼뜩 그때의 혼란스럽고 무서웠던 전쟁통이 생각나. 내 호적상 나이는 68살로 나오는데, 호적이 불타 없어져 새로 만들다가 그렇게 처리 돼버린 거야. 아무튼 전쟁이 끝나고 피란을 내려갔다가 올라와서는 다시 장호원에서 지냈어. 내 어릴 적에만 해도 농사하는 사람들이 대부분이었고 그만큼 농사가 당연시되었던 시대였지만 우리 집은 장사를 했어. 재밌게도 백암순대는 아니지만 우리 어머니도 순대장사를 하셨어. 그것도 주로 전통장이 열릴

때 말이지.

김중앙 : 제가 어렸을 때는 사람들이 열심히 일하고 사회도 꽤 발전하여 나름대로 전쟁의 폐허를 메워나가던 시기였다고 생각해요. 우리 중앙식당에서는 당시 어머니와 할머니께서 활발하게 순대장사를 하셨어요. 저는 아주 어린 시절보다는 학교에 다니던 때가 더 선명하게 떠올라요. 그 때 백암은 너무나 깨끗하고 아름다웠지요. 아이들과 함께 물고기도 잡고 곤충채집을 하면서 오후 내내 뛰어놀았어요. 초등학교 한 반에 60명이 넘는 학생이 다녔고 전체 학생 수는 1,300명에 달했어요. 지금보다 거의 두 배나 되죠? 전쟁이 끝나고 저희세대가 '베이비 붐'세대가 되어서 그렇게 된 거라고 봐요. 백암토박이 친구들은 초등학교부터 중학교, 고등학교까지 계속 같이 올라갔어요. 그래서 초, 중, 고등학교를 다 같이 나온 친구들이 지금도 백암에 많아요. 사회가 현대화되면서 이웃사촌이라는 말이 무색할 만큼 이웃끼리 잘 알지 못하고 지낸다고들 하지만, 우리 백암은 지금도 온 동네 사람들이 서로 잘 알고 지내죠. 깨끗한 자연에서 그렇게 많은 친구들과 뛰어 놀았던 것도 정말 재밌었지만 지금은 잘 안 하는 여러 가지 야외놀이들도 그렇게 재밌을 수가 없었어요. 남녀구분 없이 전쟁놀이도 많이 했고 구슬치기, 삔치기도 했었어요. '쎄쎄쎄~', '모닥불 피워놓고~' 같이 노래를 부르면서 하는 놀이도 했었구요. 또 장날이 되면 말 그대로 축제나 다름없었어요. 먹거리, 볼거리, 즐길거리로 가득했었지요. 엿장수들의 구수한 말솜씨에 엿 하나 사서 물고 농악패의 행렬 꽁무니에 붙어 여기저기 쏘다니기도 했고요. 씨름대회, 천막영화, 연극 구경을 하기도 했지요. 많은 사람들이 북적이며 곡식, 채소, 과일을 들고 나와 팔았어요. 또 우시장에 커다란 소들이 모여 '푸우-푸우' 콧김을 내뿜는 것을 보는 건 정말 즐겁고 신나는 일이었지요. 특히 백중(음력 7.15)제와 장을 합친 백중장이 설 경우에는 그 규모가 대단했어요. 제 학창시절에서 백암장은

빼놓을 수 없는 추억거리 같아요. 제가 학교 다닐 때까지만 해도 백암장이 정말 융성했을 때였으니까요.

박제일 : 듣고 있으니까 내 학창시절도 생각나네. 나는 아까도 말했듯이, 전쟁통에 공부를 못해서 평생 못할 줄 알고 있었어. 그런데 하늘이 내게도 공부할 기회를 주더라고. 나는 남들보다 좀 늦은 십대 중반에 장호원 감곡 공민학교1)에 입학해서 구구단, 한글쓰기 같은 기본적인 교육을 받았어. 휴전협정이 맺어지면서 전쟁은 중단되었지만 그래도 사회는 참 많이 불안정했지. 전쟁 때 폐허가 된 건물과 자연은 고스란히 당시 사람들에게 짐이 되었으니까 말이야. 그렇게 사회가 불안정한 통에 공민학교도 6년 과정을 3년 만에 끝마칠 수밖에 없었어. 하지만 그 3년이라는 시간이 내 평생에 도움도 많이 주고, 학창시절이라는 추억도 갖게 해준 거 아니겠어? 그 때 같은 반 친구들의 이름도 얼굴도 가물가물하지만 즐거웠던 시절이었지. 친구들이 지어준 별명이 장돌뱅이였어. 우리 집에서 장사는 공부보다도 장사가 중요했어. 아버지가 장날에는 같이 나가 장사를 돕든지 집을

---

1) 초등교육을 받지 못하고 학령을 초과한 사람에게 국민생활에 필요한 기초교육을 실시하기 위해 설립한 학교. 1946년 5월 「공민학교설치요강」이 제정되면서 제도상 정규교육기관으로 인정되어 활발하게 추진되었다. 소년과·성년과·보수과를 두었는데, 소년과의 수업연한은 2, 3년이며, 입학 자격은 13세 이상으로 하였다. 성년과는 18세 이상 된 사람이 입학할 수 있으며 1, 2년 내에 배우도록 하였다. 보수과는 13세 이상된 초등학교 졸업자가 입학할 수 있었다. 1949년 12월 「교육법」이 제정, 공포되면서 수업연한은 3년으로 기본교육을 완성하도록 하였고, 교과는 초등학교에 준하는 과정을 두었고, 학급당 학생수는 60명으로 제한하였으며, 수업일수는 연간 170일 이상으로 하였다. 성인반의 수업일수는 70일 이하로 하였고 교과는 문자해독을 주로 하였다. 1960년대 말부터 의무교육의 강화에 따라 공민학교 수가 해마다 줄어 거의 유명무실하게 되었다. 출처: 파란사전(http://dic.paran.com/dic_ency_view.php?q=&kid=10877000).

보든지 하도록 해서 항상 장날마다 수업에 빠지다보니까 친구들이 장돌뱅이라고 부르게 된 거야. 그때부터 이미 '장'은 내 인생에서 아주 중요한 것으로 자리 잡았지. 중앙 씨가 말한 것처럼 풍성한 장은 아니었지만 나도 장이 열리면 거기서 장사도 돕고 지내기도 하면서 장사를 몸으로 알아버린 것 같아. 그렇게 어릴 때부터 장사를 했으니 여기, 전국적으로 크다는 백암장에 와서도 잘 살아남은 거 아니겠어?

서포터즈 : 두 분의 어린 시절, 학창시절 이야기 잘 들었습니다. 그 이후의 삶에 대해서도 좀 더 들어볼 수 있을까요?

박제일 : 그럼 그 이후에 대해서도 해주고 싶은 말이 많아. 내 인생은 항상 줄기차게 바빴지. 지금 생활도 만족하지만, 나는 이 때가 제일 가슴 뛰는 시절이었던 것 같아. 학교를 졸업하고 나서 어머니를 따라 장사일을 도우면서 장호원 일대의 시장을 돌아다녔지. 그 때는 말 그대로 장사일에만 파묻혀 살았어. 그런데 어느새 내 나이도 스물이 다 되어가고 있었고 주위에서 좋은 신랑감 될 청년을 찍어줘야 한다고 야단이었어. 내색은 안했지만, 좋은 사람 만나서 행복하게 지내는 상상을 하면서 나도 막연히 결혼에 대한 마음을 품고 있었지. 그렇지만 속으로만 품었어. 지금이야 젊은 사람들은 자기들이 원하는 짝을 찾아서 자유분방하게 만나고 또 연애하지만 그 때는 많이 달랐지. 어른들이 정해준 짝을 만나는 게 보통이었어. 그렇게 시간이 좀 흘렀을까 내게도 중매가 들어왔어. 내 사촌오빠와 지금의 시누이가 나와 남편을 만나도록 맺어주었던 거야. 그 이가 장호원으로 와서 첫 만남을 가졌는데 나는 그 이에게 한눈에 맘을 빼앗겨 버렸어. 얼마나 훤칠하고 멋있었는지 몰라. 이름은 김만기였고 백암사람이었지. 맘이 안 맞아도 어른들이 정해준 대로 시집, 장가가던 시절이었지만 다행히도 우리는 처음부터 잘 맞았던 거 같아. 첫 만남을 갖고 1년 남짓 연애

를 했어. 그 기간 동안 우리는 서로 연애편지도 주고받았지. 만나고는 싶은데 자주 만날 수 없다보니 그렇게 편지를 쓰게 된 거지. 나는 취미로 수를 놓았었는데 수놓기를 해서 남편에게 선물도 주고 그랬어. 소중한 시간들이었지. 그리고 얼마 지나지 않아 결혼했고, 장호원에서 백암으로 들어와서 지금까지 생활한 거야.

김중앙 : 참 애틋하게 사랑을 하셨네요. 저도 중매로 결혼했어요. 학교를 졸업하고 자연스럽게 어머니, 할머니를 도와 백암순대 장사를 하게 됐지요. 그렇게 지내다가 어느덧 나이 서른이 되었고 어른들이 중매를 섰어요. 그렇게 만난 사람이 지금 남편이고요. 남편은 백암 바로 건너편에 있는 용인 시내 토박이에요. 지금도 용인시장이 열리는 그 지역 말이에요. 그쪽 지역사람들이 원래 그렇듯이 남편은 성격이 서글서글하면서 시원시원했고 그런 점이 저는 좋았어요. 남편도 저를 많이 좋아했고요. 중매한 지 얼마 안 돼서 저희는 결혼했고 함께 백암에서 살았어요. 저는 백암순대 장사를 하고 남편은 바로 옆에서 정육점을 했지요.

서포터즈 : 두 분 모두 중매로 결혼을 하셨군요. 두 분 모두 처음부터 남편 분들과 인연이 있었던 것 같습니다.

박제일 : 응, 결혼하고 올라와서 어떻게 지냈는지 말 안 해줬지? 결혼하고 나서 남편을 따라 훌쩍 백암으로 왔던 거야. 그렇게 올라온 다음부터는 장호원에 내려가 본 적이 거의 없어. 시어머니 눈치 보느라고 그랬지. 그래도 나는 너른 벌판이 있고 큰 백암장이 열리는 백암이 좋았어. 결혼하고 얼마 안 돼서 완전 백암사람이 다 되어버렸지. 남편은 백암면에서 관리장2) 일을 하고 있었어. 한마디로 말하면 지금의 면장 같은 거야. 나는 애들 낳고 키우면서 장사도 하고, 그렇게 바쁘게 지냈지.

김중앙 : 나는 어릴 적부터 거의 백암에서만 나고 자라서 그런지 우리 백암이 어떤지 잘 몰랐는데 지금 말을 들어보면 백암이 참 좋은 고장이 었던 것 같아요. 작은어머니인 박애자씨 말을 들어봐도 그렇고 남편도 용인 시내사람이라 그런지 이곳에서 살면서 그런 이야기를 많이 했었 지요.

서포터즈 : 네, 우시장이 쇠퇴하기 이전, 1980년대까지만 해도 백암은 정 말 융성했던 고장으로 알고 있어요. 지금까지도 백암사람들의 고향에 대 한 자부심이 대단한 걸 느낍니다.

두 분의 어린 시절을 푹 빠져 듣다보니 마치 내가 각기 다른 그 시절 에, 이분들과 함께 지냈던 것 같은 느낌이 들었다. 전쟁이 끝나고 혼란 의 시기 속에서 어렵게 공부하면서 부모님의 장사를 열심히 도왔던 조 그만 소녀 박애자 씨의 모습이 아른거렸다. 그런가하면, 어머니가 순대 파느라 정신없는 사이, 가게를 뛰쳐나와 활기찬 백암장을 구경도 하고 드넓은 벌판과 맑은 강을 이리저리 뛰어다니며 놀고 있는 김미정 씨의 모습도 보였다. 우리는 두 분의 연애와 결혼 이야기가 매우 흥미로웠다. 사실 어르신들은 '중매로 만나 그냥 결혼하고 살았겠지' 생각하며 특별 한 연애 과정은 기대하지 않았는데 예상치 못한 이야기가 나온 것이다. 70년을 살아오며 얼굴에는 주름이 가득해진 박애자 씨였다. 하지만, 세

---

2) 대한 제국기, 탁지부에 속하여 중앙 및 지방의 금고를 감독하는 일을 맡아보 는 벼슬을 이르던 말. 출처: 다음어학사전(http://dic.daum.net/search. do?q=%EA%B4%80%EB%A6%AC%EC%9E%A5).
박애자 씨에 의하면 1960, 70년대 정부에서 임명하여 지역일을 맡아 보았던 지역대표 역할의 직급으로 현재의 면장과 비슷한 지위일 것으로 추정된다.

월도 그녀의 마음을 식히지는 못했나보다. 상기된 얼굴로 남편과 있었던 일을 하나하나 전해주었다. 주름사이로 보이는 웃음꽃이 만발한 18세 소녀의 수줍은 모습. 서로 자유롭게 만나지 못해, 서투른 한글 솜씨지만, 연애편지를 주고받았다는 이야기를 들으면서 내 마음도 따뜻해졌다. 박애자 씨는 먼저 보낸 남편과의 행복했던 날들을 추억하며 조곤조곤 이야기하셨고, 그 모습에 우리는 맘이 애틋해졌다. 손편지를 꾹꾹 눌러쓰며 풋풋한 마음을 전달하려고 애쓰는 모습이 눈에 선했다. 투박했지만 투명했던 사랑.

백암순대가 걸어온 길

서포터즈 : 자, 이제 본격적으로 순대 이야기 좀 해볼까요? 지금의 백암순대가 있기까지 여러 일들이 있었겠지요. 먼저 백암순대가 어떻게 생겨났는지가 궁금한데요, 이것에 대해 이야기를 좀 들려주시겠어요?

김중앙 : 이번엔 제가 먼저 얘기할게요. 백암순대는 앞에서도 말했듯이 우리 할머니 대(代)에서부터 만들기 시작했어요. 처음 백암순대를 만들고 장사를 시작한 게 우리 할머니예요. 할머니께서는 음식 솜씨가 꽤 좋으셨대요. 집안 음식은 물론이고 마을잔치나 큰 제사가 있을 때면 어김없이 음식 만드는 일을 맡으셨어요. 할머니 음식 솜씨는 마을에 소문이 나 있었죠. 여기저기서 음식을 해달라고 부탁들을 많이 했었나봐요. 그렇게 음식을 해주다가 나중에, 1940년대쯤일 거야. 일제 강점기 말에 장에서 순대와 순대국을 만들어 파는 장사까지 하게 된 거죠.

서포터즈 : 그렇군요. 그런데 보통 순대는 북쪽 음식으로 알고 있는데 조상

님들 중에 북쪽에서 내려오신 분은 안계신가요? 함경도의 아바이 순대 같은 것에 영향을 받지는 않았나요?

김중앙 : 아니요. 우리 집안은 5대 째 여기에서 쭉 살았고 북쪽이랑은 관계가 없어요. 백암순대는 백암에서 만들어진 백암만의 음식이거든요. 옛날에는 먹을거리가 마땅찮았잖아요. 그런데 여기 백암은 그나마 농사도 잘 되고 백암장에서 가축들도 거래가 많이 되고 우시장 바로 옆에 도축장도 있어서 고기와 가축 부산물들이 많이 나왔어요. 그래서 그것으로 먹을 것을 만들어 보자 해서 백암순대가 탄생하게 된 거에요. 우리 집이 정육점하고 순대장사를 같이 했었어요. 남자들은 정육점을 하고 여자들은 순대가게를 운영했던 거죠. 여기 백암장에서 재료들을 구하고 쌀이랑 채소 농사지은 걸로 해서 순대를 만들어 팔았어요.

박제일 : 그렇지. 장이 있어서 장에서 재료를 구해다 쓰기 쉬웠지.

서포터즈 : 백암장이 백암순대의 탄생에 결정적인 기여를 한 것으로 볼 수 있겠네요.

김중앙 : 그렇다고 볼 수도 있겠지요. 그리고 장날에 보통 소, 돼지 거래가 가장 많았고 도축도 많이 했어요. 그 때 재료들을 한꺼번에 구해다 놓고 썼지요. 평상시에도 돼지를 조금씩 잡아서 재료를 보충하기도 했어요. 그래서 우리는 거의 365일 다 장사를 했던 거죠. 그런데 사람들이 장날에 도축하는 걸 보니까 장날에만 장사를 하는 걸로 착각을 하기도 했죠. 할머니와 어머니가 장사를 하시던 그 시절에는 백암장이 굉장히 크게 섰고 덕분에 가게에도 사람들이 북적북적 했어요. 사람들이 소 팔고 그러면 큰돈을 손에 쥐니까 순대국 한 그릇씩을 먹고 갔거든. 장에 물건 팔러

오는 상인들도 많이 사먹고 그렇게 장사를 해서 장사가 좀 잘 됐어요.

서포터즈 : 백암장이 없었다면 지금의 백암순대도 없었을 것 같아요.

김중앙 : 음, 그런가요? (웃음) 70년대에는 새마을운동 하면서 농촌개발이 많이 되기 시작했는데 그 때 백암에도 길이 많이 났어요. 여기 저 농협 앞으로 신작로도 닦이고 그랬는데 그래서 차도 사람도 다니기가 좋아졌어요. 근처에 이천, 안성하고 저 남쪽지방에서도 서울로 가는 길에 여기 백암을 거치게 되니까 자연스럽게 사람들이 많이 왕래하게 됐고 덕분에 장사도 더 잘 되고 했죠. 그 쯤 되니까 이제 가게도 장사도 완전히 자리가 잡히고 안정적이 됐어요. 우리 집이 이렇게 잘 되니까 집안에서 형제들도 하나둘씩 순대장사를 시작하더라고요. 바로 아래 작은할아버지 집이 풍성옥이란 이름으로 가게를 열었고 다른 장사를 하던 넷째 할아버지네도 순대집으로 바꿔 장사를 하게 됐어요.

박제일 : 음, 그렇지. 바로 그 넷째 할아버지네 순대집이 우리 식당이야. 제일식당. 우리 시아버지 형제가 육형제였거든. 육형제가 거의 모두 순대장사를 했다고 보면 돼. 첫째집안에서 중앙식당을 열어서 장사를 시작했어. 그리고 방금 말했던 풍성옥은 둘째집안에서 하기 시작했구. 셋째, 다섯째 집도 예전엔 순대장사 했었는데 지금은 안 하구.

김중앙 : 이렇게 한두 집씩 가게가 늘어나니까 백암순대도 슬슬 유명세를 탔던 것 같아요. 80년대 후반 쯤 되니까 신문, 잡지 같은데서 맛집이라고 취재도 오고 그러더라구요. 그렇게 그 이후로는 정말 꽤나 알려졌는지 가까운 지역사람들뿐만 아니라 전국에서 손님들이 찾아오지 않겠어요! 흥미로운 일화도 있는데 전두환 전 대통령이 군인시절에 용인 부대에 있을

1. 백암의 명물 백암순대의 두 전수자 박애자-김미정_ 145

제일식당 벽면의 방송촬영을 증명해주는 사진과 신문기사들

때 백암순대를 찾아서 사다 먹고 그러기도 했대요.

서포터즈 : 우와~ 유명인사도 찾아먹는 백암순대가 되었군요. 전국적으로 인기를 얻은 백암순대라니 대단합니다!

박제일 : 전국이 뭐야, 외국인들도 와서 잘 먹고 간다구~ 뭐 입에 안 맞는 사람들이야 모르겠지만 순대를 먹을 줄 아는 외국인들은 '맛있어, 맛있어' 하면서 얼마나 잘 먹는데! 그리고 90년대에는 텔레비전 방송국에서도 우리 집을 많이 찍어가고 그랬어. 저기 벽에 걸린 사진들이 다 그거야.

김중앙 : 80년대 들어서면서는 우리 사회가 예전과는 많이 달라지기 시작했죠. 88서울올림픽도 있었고, 큰일들이 많이 있었잖아요. 특히 기억하는 건 80년대 후반에 국가에서 가축거래를 총괄하는 축협이 생긴 거예요. 축협이 생긴 뒤로 전국적으로 우시장들이 많이 없어졌다고 하는데 우리 백암 우시장도 급격하게 위축되고 결국 90년대 들어서는 완전히 없어져 버렸죠. 사람들이 도시로 많이 몰리면서 농촌들이 많이 죽었어요.

백암장도 규모가 굉장히 줄어 쇠퇴했어요. 우리로서는 아주 큰 변화였고 심지어는 위기였지요. 게다가 90년대에는 여기 주변에 고속도로가 속속 생기는데 백암을 거치지 않고 지나치는 길들만 많이 뚫렸어요. 그래서 여기 오려면 일부러 길을 찾아오지 않고서야 잘 안 오게 됐죠. 그래서 장사도 안 되나 했는데 이제 그 때부터는 또 텔레비전, 신문, 잡지, 요즘에는 인터넷 같은 것들이 보편화되고 그런 데서 (백암순대를) 실어주고 하니까 그런 거 보고 찾아오는 손님들이 꽤나 있어서 그나마 이렇게 장사하고 있는 거랍니다.

"따르르릉~"/ "사장님 전화 받으세요."/ (몇 분 후)

박제일 : 지금 전화 온 게 그 인터넷, 뭐냐 블로그? 이런 데서 사진 찍고 뭐 한다고 온다구 그래~ 요즘 이렇게 온다는 사람들이 꽤나 있다니까. 컴퓨터에 '백암순대' 치면 우리 가게가 많이 나와요.

자부심 가득 말씀하시는 박애자 할머니와 백암순대 종가의 자손으로서 가업을 이어온 김미정 씨를 통해 백암순대 발전사를 들으면서 우리는 우리사회의 변화상과 농촌마을, 특히 백암의 흥망성쇠와 함께 해 온 백암순대의 역사를 한눈에 볼 수 있었다. 그리고 그 속에서 변화에 적응하며 묵묵히 백암순대를 만들어 온 두 분의 모습이 보였고 이렇게 쌓아 내려온 백암순대의 역사를 고이 품어 안고서 계속 나아갈 백암순대의 발걸음이 기대되었다.

백암순대를 지키는 사람들,
그들과 함께 그려보는 백암순대의 미래

서포터즈 : 네, 이렇게 다사다난을 거쳐 지금까지 이어져 온 백암순대군요. 백암순대의 생명력이 참 대단합니다!

김중앙 : 이렇게 입소문으로 또 방송, 신문, 인터넷으로 유명해지니까 프랜차이즈 가맹점 같은 것들을 내라는 요청도 많았고 실제로 시도를 안 해본 것도 아니에요. 그런데 탈이 많았죠. 맛이 그 맛을 못 내기도 하고 가맹점이 관리를 제대로 안하면 백암순대 전체가 욕을 먹으니까요. 또 사기 당하기도 하고 그랬어요. 이래저래 너무 안 좋더라구.

박제일 : 그러니까~ 우리는 다른 데 백암순대라고 걸어놓은 집이랑 아무 상관이 없어. 진짜 백암순대 맛을 보려면 여기 백암에, 우리가게에 오셔서 맛을 봐야 해.

서포터즈 : 그럼 두 분 모두 가게 수 늘리고 사업을 크게 하실 생각은 없으신 거네요? 그래도 이렇게 장사가 잘 되면 사업을 더 크게 하셔도 될 법한데…

박제일 : 아유~ 이 일이 힘들어. 매일 가게 열고 닫고, 아침 9시부터 밤 9시까지 꼬박 일해야지. 재료 손질하는 거며 이것저것 고되기가 말도 아녀. 예전에 퇴직금 가지고 이 장사 해보겠단 사람들이 여럿 왔는데 내가 그 사람들 생각해서 다른 거 하라고 말려가지고 돌려보냈어.

서포터즈 : 그럼 만약에 할머니께서 이 일을 그만두시면 아무도 안 하게 되는 건가요?

박제일 : 아니지~ 천만에! 아 우리 딸이, 큰 딸하고 셋째 딸이 지금 같이 하고 있으니까 자식들이 이어서 하겠지. 백암순대가 대가 끊기는 일은 없을 거야. 암 그래야지. 후손들도 이렇게 훌륭한 음식인 백암순대 맛을 알고 살아야 하지 않겠어?

서포터즈 : 그럼요, 저희도 꼭 그렇게 되길 바랍니다. 오늘 백암순대와 관련해서 여러 가지를 알고 가네요. 마지막으로 백암순대의 앞으로 전망은 어떻다고 보세요?

김중앙 : 지금 순대장사가 예전만큼은 안 돼요. 여기 건물도 오래돼서 주차시설도 없고 불편하잖아요. 사람이 더 많아져야 장사가 잘 되는데. 백암도 백암장도 개발되고 그래야겠지요. 그렇지만 앞으로도 백암순대는 계속 이어져나갈 거라고 생각해요. 일단 제 아들도 관심이 전혀 없는 것처럼 보였는데 호텔조리학부에 가더니 자기가 계속 백암순대를 이어가겠다고 하네요. 앞으로 사회가 또 어떻게 변할지는 모르겠지만 지금까지 그때그때 시대에 맞게 백암순대는 발전해왔다고 생각해요. 앞으로도 그렇게 잘 이어나갈 수 있을 거구요.

박제일 : 그래 나도 마찬가지야. 김중앙 씨가 말한 것처럼 백암순대는 고유한 특성을 갖추면서 발전해왔어. 예를 들어서 맨 처음에는, 대창을 재료로 썼어. 옛날에는 손으로 직접 소를 집어넣어야 했기 때문에 구멍이 큰 대창을 썼던 게야. 그런데 요즘에는 소창을 쓰고 있지. 소창이 더 길기 때문에 돼지 한 마리를 잡더라도 더 많은 양을 얻을 수 있고 맛도 더 좋아서 그래.

그리고 지금도 백암순대는 계속 더 나은 맛을 내려고 개발되고 있어. 과거에는 배추를 썼지만 지금은 양배추를 쓰지. 옛날에는 양배추를 백암장에서 구하기도 어려웠지만 지금은 쉽게 구할 수 있어. 양배추를 사용하는 게 맛이 더 좋다는 평이고 관리도 쉽거든.

김중앙 : 그렇죠, 제가 말한 부분도 그런 거예요. 그리고 사회가 발전해 가면서 백암순대의 홍보도 인터넷, 방송매체와 같은 것들을 통해 이뤄지고 있는 것처럼 앞으로 사회가 어떤 식으로 변해가든 그에 맞게 백암순대도 발전할 거라고 봐요. 다만 백암순대의 전통으로서 바꾸면 안 되는 것들은 잘 지키면서 발전해야죠.

박제일 : 그렇지. 혹시 알아? 중앙 씨 아들이 호텔조리학부 공부하니까 백암순대에도 그런 지식들이 녹아들어서 세계적으로 유명음식이 될지? 백암순대는 맛도 그렇고 영양학적으로 훌륭해. 뭐, 솔직히 말해서 백암순대가 독일 소시지보다 못하다는 생각은 안 든다구. 나도 이렇게 열심히 장사 하고 있고 때가 되면 지금보다 더 발전할 가능성이 있다고 봐 나는.

서포터즈 : 지금의 명성에 안주하지 않고 더욱 발전하길 원하는 모습이 멋지십니다. 지금까지 백암순대에 대해 많은 이야기 나눠보았는데요 바쁜 시간 내주신 두 분, 감사드립니다.

이렇게 해서 우리는 백암순대와 함께한 두 백암 여인 박애자, 김미정 씨의 인생여정을 조금이나마 좇아보았다. 백암땅에서 나고 자란 가축과 쌀, 채소들로 만들어지는 백암순대. 어머니에서 딸로, 시어머니에서 며느리로 대대손손 전통이 이어지는, 백암장과 동고동락(同苦同樂)하며 시대의 풍파를 헤쳐 온 백암순대. 그 70여 년의 역사 속에서 빚어지고 우러

난 깊고 진한 맛이 백암순대를 백암을 넘어 전국의 명물로 자리 잡게 하지 않았나 싶다. 그러나 현재의 백암순대를 부정적인 시각으로 본다면 할 말이 더 많을 수 도 있었다. 빛바랜 사진처럼 이제는 과거의 명성을 찾아볼 수 없는 백암장, 세련되고 현대적인 느낌과는 동떨어져 보이는 백암순대식당, 그리고 앞으로 자손들이 계속 백암순대를 잘 이어나갈 수 있을까 하는 의문까지. 함께 이야기를 나누면서 두 분 모두 당연히 그런 상황들을 느끼고 있었다. 그렇지만 그들은 부정적인 여러 가지 말들을 아끼고 긍정적인 자세를 보여주었다. 백암순대와 함께 해 온 자신의 인생을 뿌듯해하고 자랑스러워했으며 백암과 백암순대에 대한 깊은 애정 또한 아낌없이 보여주었다. 백암순대의 전통과 고유한 맛이 이들처럼 자신의 열정과 애정을 기꺼이 백암순대에 쏟는 많은 사람들을 통해 잘 계승되어 일본의 라멘, 독일의 소시지처럼 전통의 맛을 후대까지 전달할 수 있기를, 그리고 세계인들이 맛볼 수 있기를, 기대해본다.

2. '백암' 알리기에 앞장서온 이장협의회 김주홍 회장

조아라·송은지

　우리는 구술사와 문화콘텐츠 수업을 통해 '용인의 전통시장과 시장사람들'에 대한 연구를 만들게 되었다. 4월 1일, 용인의 전통시장이 있는 백암으로 백암을 가장 잘 알려 줄 수 있는 구술자를 찾기 위해 떠났다. 백암, 용인에 있다는 것 외에는 우리에게 너무나 낯선 지역이었다. 용인의 변두리에 속하는 이천과 안성의 경계지점으로 학교에서 굉장히 먼 곳이었다. 도착하자마자 허기진 배를 채우기 위해 순대의 명가 '제일식당'으로 향했다. 이제껏 포장마차에서 먹어 온 순대와는 차원이 다른 맛이었다. 배불리 식사 한 후, 백암장을 비롯한 마을 곳곳의 사진을 찍으며 시장사람들의 이야기를 들어보았다. 그러나 이렇다 할 구술 적임자를 찾지 못한 채 일행이 모여 있는 다방으로 무거운 발걸음을 옮겼다. 다방 안에는 구술자를 이미 섭외한 팀도 있었지만 다행히 우리와 마찬가지로 아직 갈피를 잡지 못한 팀도 있었다. 한 번 더 구술자를 찾기 위해 백암을 방문해야 할까 고민하던 중 다방 아주머니께서 백암에 대해 잘 아는 분이 있다며 소개를 해주겠다고 하셨다. 얼마 있지 않아 분홍색 셔츠를 입은 중년의 신사가 우리에게 반갑게 인사를 건네셨다. 그리고 시간을 할애하여 이런 저런 백암과 관련된 얘기도 해 주시고 백암의 명물인 막걸리까지 대접해 주셨다. 백암에 대해 해박한 지식은 물론 현재까지도 백암을 위해 열심히 일하고 계신 이 중년의 신사는 누구를 구술해야 할지 막막해 하던 우리에게 가뭄에 내린 단비와 같았다. 백암의 구석구석에 대해 다 아는, 걸어 다니는 백암 백과사전, 이 분이 바로 앞으로 우리와 구술을 함께 할 김주흥 이장님이시다.

백암 사람, 김주흥의 삶

김주흥 이장

백암에서 태어난 이장님은 보릿고개 시절 쌀밥을 먹을 수 있을 정도로 남들보다 여유로웠던 어린 시절을 보냈다. 집집마다 일손이 모자라 자식들이 집안일을 도와야 했던 시절, 이장님도 물론 부모님의 농사를 도와야 했지만 친구들처럼 고된 일은 하지 않았다. 밤에 횃불을 들고 여학생들과 함께 시냇가에 놀러나가 물고기를 잡아먹기도 하며 친구들과 우르르 어울려 놀았다. 이장님의 어린 시절에 대한 이야기는 친구들과 함께 개구리, 달팽이 등을 잡으러 다닌 나의 어린 시절을 떠올리게 했다. 그 때는 사실 온 사방이 논과 산으로 둘러싸인 나의 학교가 싫었다. 비가 오면 흙길이 온통 진흙 범벅이 되어 신발을 버리게 되는 것이 싫었고 매년 소풍을 뒷산과 초등학교 앞에 흐르는 태화강으로 가는 것도 싫었

2. '백암' 알리기에 앞장서온 이장협의회 김주흥 회장

다. 그러나 현재 나의 초등학교 주변은 아파트와 높은 빌딩으로, 지렁이가 살아 숨 쉬던 흙길은 아스팔트 도로로 바뀌었다. 분명 내가 원하던 대로 변했지만 이상하게도 나는 그 때가 그리웠다. 이렇게 이장님의 학창 시절 이야기는 나의 어린 시절 추억을 떠올리게 했으며 나를 옛 향수에 젖어들게 만들었다. 이장님과 세대 차이는 나지만 옛 시절을 그리워하는 보편적인 감성을 향유할 수 있었다.

 이장님은 현재 농사를 짓고 있다. 그러나 농사를 짓기까지 매우 다양한 경험을 하셨다. 중학교까지 백암에서 다니고, 고등학교는 서울로 진학하였다. 운동을 가리지 않고 모두 좋아하는 덕에 군에 입대하여 특채로 수도 경비사로 청와대에서 복무하였다. 제대 후 서울에서 건축과 관련된 일을 하던 중 함께 일하던 건축 관계자의 주선으로 아내를 만나 결혼하고 백암으로 돌아왔다. 당시 백암 주변에 17번 국도가 건설되고 있었기 때문에 밥을 먹으러 오거나 하루의 피로를 술로 풀어 오는 인부들이 많아 장사가 성황을 이룰 것이라 예상하여 레스토랑을 개업하였다. 백암 최초로 레스토랑과 다방을 합친 가게를 개점한 것이다. 정말로 장사가 잘 되었다. 돈도 많이 벌었다. 그러나 "쉽게 돈을 번만큼 쉽게 돈이 나가 허무하기에…. 땀 흘리며 일하는 것이 진짜 일하는 것"이라 생각하고 농사를 시작하셨다. 쉽게 돈을 벌 수 있는데, 그것도 많이 벌 수 있는 상황을 물리치고 굳이 어렵고 힘든 농사를 택하신 이장님… 나는 한때 편의점, 음식점, 호프집 등에서 힘들게 일하면서 학비를 번 적이 있다. 지금은 보다 편한 과외만 하고 있다. 하루 종일 노동을 해야 하는 가게 일로 다시 돌아갈 수 있냐고 자문해 본다면 답은 NO이다. 나만 하더라도 쉬운 길을 두고 어려운 길을 택하지 못하겠다. 그래서일까 쉽게 자산을 모을 수 있는 사업을 마다하고 힘든 농사일로 바꾼 이장님이 대단하게 느껴졌다.
　이장님은 교육관도 남다르시다. 돈을 물려주지 못하더라도 공부만은 하고 싶은 만큼 시켜주는 것이 당신의 교육관이라고 하시며 두 아들들을 프랑스, 일본으로 유학까지 보내셨다. 그리고 현재 큰 아들은 결혼을 코앞에 두고 있다. 아들들의 외모가 잘생겼다며 자랑하는 이장님의 얼굴에서 자식을 사랑하는 행복한 부모의 모습을 느낄 수 있었다. 자부심이 느껴졌고 행복함이 흘러 넘쳤다.
　농부 외에 또 다른 직업이 있으신 이장님. 강산이 두 번이나 바뀌는 시절 동안 마을을 위해 일을 하고 계시는 모습을 보고 백암의 발전을 위해 헌신적으로 일하시는 이장님의 마을사랑을 느낄 수 있었다. 4월 29일, 첫 번째 인터뷰를 하던 날도 이장님은 한창 어버이날 행사 준비로 바쁘게 보내고 있었다. 행사를 추진하기 위해서 아침부터 밤까지 매일 시청과 백암에 있는 중소기업을 찾아다니시며 도움을 요청하고 있었다. 어버이날 행사는 마을의 70세 이상 어르신 천 명을 모시고 면사무소 앞 광장에서 열릴 예정이었다. 카네이션은 물론이고 중소기업들로부터 원조를 받은 타월, 쌀 등도 기념품으로 증정하며, 노래자랑을 열어 백암 지역 출신 가수들도 초청하고 1등부터 3등에게는 백암 유명 상품을 줄 예정이었다. 이장님께 어버이날 얘기를 듣고 나니 사전 조사를 할 당시에 읽었던 기사가 생각났다. 매년 500명의 어르신들을 위해 마을에서 잔치를 열고 있으며 먹거리뿐 아니라 노래 자랑, 경품 추천 등 다양한 행사도 진행하고 있다는 기사였다. 기사를 읽으면서 '옆집에 누가 살고 있는지도 잘 모를 정도로 이웃에 대한 관심이 줄어들고 인심이 삭막해지는 요즘 시대에는 보기 드문 풍경이 아닐까'하고 생각했다.

꽤 긴 시간 면담을 이어 나감에도 불구하고 이장님은 여전히 힘이 넘쳐나셨다. 건강의 비결이 더울 때나 추울 때나 냉수로 샤워하는 것이라는 이장님. 건장한 청년들도 겨울에 냉수로 샤워하기란 쉽지 않은 일인데 풍채에서 뿜어져 나오는 건강함이 괜히 느껴지는 것이 아니었다. 이장님은 "일을 하다 보면 많은 사람을 만나야 하니 어쩔 수 없이 술을 많이 먹게 된다."며 하루도 쉬지 않고 술을 몇 십년동안 계속 마셔오셨다. 이제는 건강을 생각해서서 술을 조금 줄였으면 하는 바람이 생겼다.

백암 이야기, 백암의 유래 #1

지명이 종종 마을의 특징을 따서 지어지듯 백암의 지명도 그런 줄 알았다. 흰 백(白)에 바위 암(岩)자를 사용하는 백암은 흰 바위가 많은 곳이라 생각했다. 그러나 백암은 바위가 없는 동네라고 한다. 바위보다는 오히려 마사토가 풍부한 지역이다.[1] 마사토란 겉보기에는 거의 돌과 다름없지만 물에 씻으면 모래처럼 입자가 고와지며 하얗게 빛을 발하는 흙을 말한다. 그리고 이 하얗게 쌓인 마사토가 멀리서 보면 흰 바위 같다고 해서 백암이라는 이름이 붙여졌다고 한다. 마사토뿐 아니라 물이 풍부한 백암은 전국적으로 가뭄으로 고생할 때에도 지하수가 고갈이 되지 않았다. 농사를 지을 때 땅과 물만큼 중요한 것이 또 어디 있을까. 그래서

---

[1] 지금도 조비산에 가보면 겉 표면은 검지만 속은 흰색 바위 즉, 규소 질을 볼 수 있다. 옛날에는 조비산 한 구석에서 규석을 캐서 작게 부서가지고 도끼다시 즉, 건설자재로 사용할 수 있게끔 만든 광산이 있었던 적이 있다. 지금은 폐광되고 그 자리가 암벽등반의 연습장이 되어 이따금씩 클라이밍 연습하는 것을 볼 수 있다.

이장님의 말씀을 들으면 들을수록 백암이 농사에 적합한 천혜의 지역이라는 생각이 들었다.

용인의 대표장, 백암장 #2

백암장 풍경

용인의 대표적인 전통장은 용인장과 백암장이 손꼽힌다. 백암장은 용인장에 비해 훨씬 작은 규모이지만 시골의 정취가 물씬 느껴지는 곳이다. 백암장은 5일마다 열리며 옛 조선시대 때부터 명맥을 유지해 오고 있는 용인의 자랑스러운 전통장이다. 특히 우시장이 열렸던 시절에는 그 규모가 어마어마했다. 전국에서 다섯 손가락 안에 들던 우시장으로 인해 백암장은 지금과는 비교도 안 될 정도로 성대하게 열렸다. 장날의 엄청난 인파로 쓰리꾼(소매치기)이 자주 출몰하여 돈을 쉽게 빼낼 수 없는 대나무 가지로 쳐진 전대는 필수품이었다.

지금의 백암장은 예전장터와 다른 곳으로 옛 우시장이 열리던 곳에서 장이 서고 있다. 아쉽게도 예전에 장터가 있던 곳은 가게와 상가, 주택이 들어서서 거의 흔적도 없이 사라지고 없다. 이렇게 장터가 바뀌게 된 것은 축소된 장의 규모 때문이다. 하나로마트 외에도 주위의 소규모 마트가 많이 생기다 보니 장의 크기는 저절로 작아졌다. 게다가 사람들도 5일마다 열리는 장 대신 원할 때마다 물건을 구매할 수 있는 마트가 편해

백암장 풍경

지면서 장의 규모는 날이 갈수록 줄어든 것이다. 그래도 장날에만 살 수 있는 물건들과 일반 가게보다 싼 가격으로 장의 명맥은 다행히 이어지고 있다. 장날에 물건을 팔기 위해서 따로 상인회의 허락을 받을 필요는 없지만 자체적으로 청소할 비용은 지불해야 한다. 장날 상품 또한 예전과는 많이 다르다. 예전에는 장날에 직접 쌀과 고기를 판매했으며 고추, 감자, 보리가 주거래 상품이었다. 그러나 지금은 쌀과 보리 등은 잘 판매되지 않고 계절에 따라 가지, 참외, 수박, 고추 등의 모종이 많이 나온다.

백암의 대표 문화제, 백중제 #3

농사철이 끝난 후 머슴들에게 하루의 휴가를 주는 걸 뜻했던 백중제. 한 해 동안 고생한 머슴들에게 용돈을 주고, 귀한 옷 한 벌을 선물하며 하루 동안 장터에서 음주가무를 즐기도록 하는 것이 백중제의 기원이다. 이런 문화가 과거로부터 내려와 지금의 백중문화제를 만든 것이다. 백중문화제는 음력 7월 15일 전후 백암 시내 안에서 행해지며 백암에 현존하는 행사 중 가장 큰 행사이다. 이장님은 이 기간 동안의 많은 행사 가운데 씨름이 가장 재밌다고 했다. 그래서 어린 시절에 이천 사람인 '이정재'[2)]

---

2) 씨름대회에서 수차례 우승한 후, 1957년 100여 명의 깡패를 규합하여 삼우회(三友會)를 만들고 스스로 두목이 되었다. 이후 화랑동지회(花郞同志會)

가 씨름하던 것이 아직도 기억이 난다고 한다. 백암은 씨름의 고향으로 씨름의 역사가 길다. 실제 우리도 텔레비전에서 씨름경기가 있을 때, 백암출신 사람들을 많이 본다. 씨름의 고장에서 하는 씨름행사는 보다 더 큰 의미로 다가왔을 것이다.

그러나 백암의 큰 문화제였던 백중제도 세월이 흐르면서 쇠퇴하고 한 때 사라졌었다. 주민들의 관심도 적고 정부의 지원도 적었기 때문이다. 하지만 여러 사람들이 백중문화제 부활의 필요성을 느끼고 노력한 결과 작년에 다시 부활되었다. 이 또한 이장님의 공이 크다. 작년의 백중제는 프로그램 계획에 비해 정부의 지원이 너무 적어 미흡한 점이 많았다. 하지만 작년의 부족함을 보완한다면 백중제가 더 발전되어 백암을 대표하는 문화제가 될 것이라 기대한다.

백암의 유명 상품, 막걸리, 순대 그리고 쌀 #4

백암은 나에게는 낯설었지만 백암의 상품들은 이미 전국적으로 많이 알려져 있는 것도 있다. 그 중 가장 유명한 것이 바로 우리가 먹자마자 한 눈에 반했던 백암순대다. 백암이 이렇게 순대로 명성을 떨칠 수 있었던 것은 옛 우시장이 큰 몫을 했다. 우시장은 도살장과 가까운 거리로 인해 피와 창자를 쉽게 공급받을 수 있었다. 공급받은 피와 창자, 시래기로 만든 순대를 우시장을 방문한 사람들이 많이 찾으면서 유명해진 것이다.

를 만들어 동대문시장(東大門市場) 상인들을 대상으로 금품을 뜯어내는 악행을 일삼았고, 이어서 동대문시장 상인연합회 회장 신분으로 자유당정권의 비호를 받으며 온갖 비행을 서슴지 않았다. 결국 5·16 군사혁명이 일어난 후, 혁명재판에서 사형을 언도받고 처형되었다.

백암순대만큼 알려져 있는 것은 아니지만 백암에는 또 다른 인기 상품인 백암막걸리가 있다. 물이 풍부하고 쌀이 좋은 백암에서 쌀로 빚어지는 막걸리가 유명해지지 않을 수 없었을 것이다. 막걸리는 옥로주와 백암막걸리로 나눠지고 이 둘은 맛에서 약간 차이가 난다. 내 개인적인 생각으로는 탄산이 좀 더 들어간 옥로주를 여성들이 선호하고 진한 맛이 나는 백암막걸리를 어르신과 전통술을 좋아하는 사람들이 좋아할 것 같다. 현재 옥로주는 일본 동경으로 진출해서 우리나라의 대표적인 막걸리로 수출이 되고 있지만 한국에서는 그다지 선전하지 못하고 있다. 국내에서의 미흡한 마케팅이 굉장히 아쉽게 느껴졌다. 그래도 다른 막걸리와의 차별화를 위한 장뇌삼 막걸리로 백암막걸리 판매 수는 점차적으로 늘고 있다.

백암막걸리
(사진:김명수)

　쌀이 전국에서 가장 유명한 곳은 어딜까? 이천쌀이라고 대답하는 사람이 많을 것이다. 그러나 이천쌀 못지않게 맛도 좋고 질도 좋은 것이 바로 백옥쌀이다. 백옥쌀은 백암에서 나오는 쌀만을 뜻하는 것이 아니라 인근 지역에서 생산되는 쌀까지 모두 포함한다. 그렇다고 개인이 생산해서 판매하는 것까지 아울러 백옥쌀이라 칭하는 것은 아니다. RPC(Rice Processing Complex) 미곡종합처리장에서 판매되는 브랜드가 바로 용인을 대표하는 백옥쌀이다. RPC는 쌀을 한 군데 모아서 정미하는 곳으로 각 지역의 쌀 생산량이 많은 곳에 세워진다. 쌀 생산에서 판매까지 RPC에서 이루어지고 있다. RPC가 백암에 생긴 것을 보니 백암이 용인 지역

쌀 생산에서 얼마나 중요한 역할을 맡고 있는지 알 수 있었다. 농사의 수요 증대를 예상하고 RPC의 기계를 큰 것으로 만들어 놓았으나 현재는 생산량 감소로 적자를 면치 못해 몇 개의 기계는 중단된 상태이다. RPC의 쌀 생산량이 줄어들게 된 원인 중 하나는 백옥쌀 브랜드 유지 때문이다. 최상의 백옥쌀 브랜드를 위하여 유기농으로 생산해 질소분을 줄이려 비료를 적게 주어 쌀 생산량이 감소되었다. 비료를 많이 넣게 되어 질소분이 초과된 쌀은 가차 없이 일반 정미소로 보내질 정도라고 하니 브랜드 유지를 위해 얼마나 힘쓰고 있는 가를 알 수 있었다. 그리고 현재 이러한 노력으로 백옥쌀의 국내 판매는 원활하게 되고 있다. 비록 백암은 용인의 변두리 지방에 속하지만 백암을 알리는 유명 상품들이 그 이름을 많이 이들에게 알릴 수 있을 것이라 긍정적으로 전망한다.

백암의 관광명소 #5

오염총량제의 규제로 공장을 지을 수도 없고, 백암과 원삼면 앞을 흐르는 강은 한강으로 유입되기 때문에 개발도 제한되어 있다. 유명 상품들 외에 더 이상 백암은 발전할 수 없는 것일까? 오염총량제의 규제 완화는 몇 년 동안 전혀 이루어지지 않고 있고 한강으로 유입되는 백암천은 캠페인 식으로만 관리될 뿐이다. 그러나 백암에는 발전할 수 있는 요소가 많다. 그것은 바로 관광이다. 천혜의 자연과 기존에 이미 세워져 있는 MBC 드라미아, 한택식물원 등을 적극적으로 이용한다면 백암은 좀 더 국내의 유명 관광지로 발돋움할 수 있을 것이다. 이장님 역시 백암의 발전을 위해서는 관광이 중요하다고 하시며 관광지들에 대해서 소개해 주셨다.

2. '백암' 알리기에 앞장서온 이장협의회 김주흥 회장_ 161

1) 용인-MBC드라미아

용인의 작은 마을을 처음 알리기 시작한 것은 '용인-MBC드라미아'다. 우리가 인터뷰 할 당시에는 드라마 〈해를 품은 달〉이 드라미아에서 촬영되고 있었다. 용인-MBC드라미아는 2000년대 초반에 용인시와 합작으로 용인-MBC드라미아로 거듭났다. 이장님은 설립

용인-MBC드라미아 전경

하는 과정에 있었던 작은 에피소드를 들려주셨다. 초기 공사 중에 옛 유물로 추정되는 작은 도자기의 한부분이 발굴되어 설립이 잠정적으로 중단되었다. 그러나 문화재 발굴 작업을 진행해도 더 이상의 유물이 나오지 않아 경기도 지사와 MBC 사장이 힘을 합해 지금의 드라미아를 완공시켰다. 용인-MBC드라미아는 그 규모도 5만 평이나 될 만큼 옛 궁전의 모습을 완전히 복원시킨 곳이다.

그렇다면 관광지로써 용인-MBC드라미아는 어떻게 활용되는지 궁금해졌다. 드라마의 주인공이 실제 입었던 옷을 입을 수 있도록 하는 프로그램을 통해 관광객 눈길을 사로잡았다. 이 프로그램을 통해 관광객들은 마치 드라마 한 장면의 주인공이 된 것 같은 느낌을 받을 수 있다. 또한 드라마 세트장도 고화질 디지털 방송에 대비해 세트의 마감재를 실제의 재료로 가공하여 고려 말 시대적 배경과 문화를 제대로 선보여 그 시대에 흠뻑 취할 수 있다. 최근 한류 영향으로 내국인들뿐만 아니라 외국인 관광객들도 한국드라마에 대한 관심이 크기 때문에 드라미아의 반응이 매우 좋다. 앞으로도 외국인 서비스를 구축해 나간다면 더 발전되리라

생각한다. 두 번째로, 용인-MBC드라미아는 지역사회와 함께 성공하려고 노력한다. 그 중 하나가 녹색길이다. 녹색길은 '산림자원을 활용한 문화와 건강이 담긴 길'이라는 타이틀로 만든 길이다. 산책할 수 있는 길이 드라미아부터 초부리까지 이어지게 설계되어 있어 관광객뿐만 아니라 그 지역 주민들의 산책길로도 이용이 가능하게 되어 있다. 즉, 관광객들과 주민, 그리고 백암 모두 어울리는 장소이다. 녹색길은 개발이 규제되어 있는 백암에 쾌적한 환경유치와 관광지로서 이로운 영향을 끼치고 있다. 관광뿐 아니라 주민의 편리와 환경까지 생각한 부분에서 용인-MBC드라미아와 백암이 함께 발전시키기 위해 얼마나 큰 노력이 더해졌는지를 느낄 수 있었다. 마지막으로 드라미아 주위에 위치한 장례전문 예아리박물관과 한택식물원 등 연계한 관광자원을 갖추고 있다. 백암에 위치한 관광 자원들끼리 힘을 합한다면 시너지효과를 내어 발전의 큰 역할을 할 것이다.

2) 한택식물원

그는 다음으로 백암의 발전에 기여할 수 있는 곳은 한택식물원이라고 했다. 이 식물원은 2003년부터 일반인들에게 공개되었다. 우리는 다른 곳에서도 흔히 볼 수 있는 식물원이 왜 백암의 발전에 기여할 수 있다고 생각하는지 궁금했다. 이곳에는 백암 지역의 모든 식물들이 있을 뿐 아니라, 백암의 생태 환경을 그대로 보여주는 식물원이기에 백암만의 특색 있는 식물원이기 때문이다. 또한, 한택식물원이 처음 설립될 당시에 한택식물원의 원장이 국제연합(UN)회원국 중 식물원이 없는 나라가 우리나라라는 것을 알고 현실에 개탄해 시작한 조성사업이 지금에 이른 것인데, 현재는 동양 최대의 식물원이라는 큰 타이틀까지 가지고 있다. 이러한 이유로 초·중학생의 소풍장소로서 상당한 인기를 끌고 있다. 특히 여러 학교와 연계시켜 봄, 가을에는 하루 동안의 관광버스가 60~70대 정도 오고갈 정도로 관광객들이 많다.

우리는 '이렇게 많은 관광객들이 오고 갈 만큼 모든 것이 갖추어진 식물원이 어떠한 개발이 더 필요할까'라는 생각이 들었다. 하지만 이장님은 우리에게 뜻밖에 이야기를 들려주었다. 현재 주변 편의시설도 매우 부족한 상태이기에 아쉬움이 큰 식물원이라는 것이다. 그는 우스갯소리로 그 많은 관광객이 다녀가면 남는 것은 그들이 버리고 간 쓰레기가 전부라고 했다. 식물원 자체만으로는 훌륭하고 좋은 곳으로 보이지만 관광객의 편의를 위해서라도 한택식물원 주변지역에 머물 수 있는 공간을 마련할 필요가 시급하다고 한다. 이장님은 식물원도 구경하면서 백암의 맑은 공기와 좋은 경치를 느낄 수 있는 곳으로 만들고 싶은 것이다. 따라서 그는 먹거리 코너를 설치하여 경제적인 이익을 창출하면서도 관광장소로서의 편리함도 갖추도록 노력해야 한다고 했다. 먹거리 코너에서 백암막걸리와 같은 백암 특산품들을 팔 생각도 하시는 것을 보니 이장님은 백암에 있는 한택 식물원도 더 발전하기 바라며, 백암 또한 함께 발전하기 원하며 어떤 부분을 보완하면 좋은지까지 생각하고 계시는 마음에서 백암에 대한 애정을 느낄 수 있었다.

3) 조비산

조비산에 대한 이야기를 나눌 때 가장 재밌었던 것 같다. 이장님은 조비산이 용인8경 중 하나에 속할 만큼 경치가 아름답다며 이야기를 시작하셨다. 우리가 인터뷰하기 전에 조사해 보았던 조비산 이름의 뜻은 鳥(새조), 飛(날비)라는 한자를 사용하며 새가 날아다니는 형세라고 알고 있었다. 이장님께 '조비산이 새가 날아다니는 모습이라는 뜻이죠?'라고 물었더니, 이장님은 씩 웃으

조비산 전경

시며 그 뜻이 아닌 더 재미있는 유래가 있다고 하셨다. 그는 조비산의 다른 명칭이 '역적산'이라고 했다. 장군들처럼 생긴 바위들이 서울을 등지고 서 있는 모양이기에 역적산이라고 불린다고 했다. 조비산 근처에 구봉산이 있는데, 구봉산의 경우에는 산봉우리의 수가 99봉이다. 100봉이 되었다면 한양이 이 자리에 위치했겠지만 99봉이기 때문에 도읍이 안됐다는 설도 있다. 그렇기 때문에 역적산의 바위들이 뒤돌았다는 이야기이다. 이 때문에 사람들은 100봉을 만들어 주기 위해 백암면 백봉리를 만들었다. 백봉리와 구봉산, 조비산에 담긴 색다른 이야기가 흥미로웠다. 그 찰나에 호기심에 가득 찬 손녀들에게 재미있는 옛이야기를 들려주시는 것처럼 신이 나 이야기를 이어나가셨다. 이장님은 조비산은 이러한 재미있는 이름의 유래만큼, 특이한 모습을 하고 있는 산이라고 한다. 조비산은 휴화산이어서 산 밑부터 위에까지 산의 중심이 뚫려있는 모습을 하고 있다. 이장님은 산 정상에서 산 아래를 내려다 볼 때를 회상하셨는지, 그 모습을 생생하게 이야기해 주셨다. 이러한 특징을 가진 산은 대한민국에 유일무이하게 조비산뿐이라고 하시며 굉장한 자부심이 있었다. 이러한 신비하고 아름다운 모습 때문에 용인 8경중 하나로 된 것 같

앉다.

  그러나 이장님은 조비산 역시 개발상태가 미흡한 상태라며 아쉬워하셨다. 조비산만의 특징이 있음에도 불구하고 관광지로 홍보도 덜 된 상태이다. 또한, 조비산 아래에서는 산 중앙이 뚫려있는 산이라는 걸 알 수 없기에, 많은 사람들은 큰 관심이 없다고 한다. 하지만, 조비산만의 스토리를 가지고 홍보가 갖추어지게 된다면 산 정상에서 바닥을 내려봤을 때의 그 신비로운 광경을 찾는 등산객과 관광객 수가 증가할 수 있는 것으로 보인다.

  8년 전 백암에서 처음으로 구제역이 발생되어 온 국민의 관심이 집중됐었다. 그 당시 구제역의 확산을 막기 위해 모든 가축을 폐기시켰으나 구제역이 잠잠해질 무렵인 2년 전 백암은 이전보다 더 큰 피해를 입게 되어 주민들은 큰 근심에 빠졌다. 그러나 정부의 지원과 주민들의 적극적인 협조로 위기를 잘 넘길 수 있었다. 이러한 위기도 있었지만, 천혜의 자연과 관광자원, 그리고 마을의 발전을 위해 애쓰는 사람들을 보며 우리는 아직 백암이 발전할 수 있다는 가능성을 느꼈다. 가야할 길이 머나먼 것처럼 느껴지지만 언젠가는 특색 있는 관광마을로서 크게 성장해 있을 백암의 모습을 기대한다.

3. 박세환,
백암 생활과 백중문화제를 말하다

김성희·이혜임

백암을 마주하다

2012년 4월 1일, 우리는 '시장과 사람들'에 대한 조사를 위해 용인시 백암장을 방문했다. 먼저 몇몇 상인들과 이야기를 주고받으며 장의 구석구석을 돌아보았다. 대형마트가 익숙한 우리에게 전통 장에서만 느낄 수 있는 어수선함과 구수함은 신선했고 다양한 농기구와 물품들도 흔히 접해본 것들이 아니었기 때문에 색다르게 다가왔다. 그러나 신선함, 그것이 다였다. 백암의 가장 큰 특산품인 백암순대 이외에 백암장만이 가지고 있는 특별함이나 소재를 찾기 어려웠다. 그러던 중 한 다방에서 우연히 이장님을 만나 백중제에 대한 이야기를 접하게 되었다. 해마다 농촌에서는 농한기가 되면 농사일에 지친 농부와 머슴들을 위한 날을 하루 정해 축제를 벌였는데, 그 날이 바로 백중제였다. 과거 백암은 국내에서 손꼽힐 정도로 큰 우시장이 있었고, 쌀 생산량이 많은 부유한 농업지대였다. 그 일대 농사와 교역의 중심지로서 백

백암장 풍경

암에는 농사짓는 농부나 머슴들이 많았고 백중제는 백암장의 큰 행사였다. 우리는 백중제가 백암의 역사에서 중요했던 만큼 백암의 지역적 특성과 문화를 잘 보여줄 수 있을 것이라고 생각했다. 마침 우리 팀은 구술자로 백암지역 문화제 발굴 및 보전위원회 박세환(56세) 총무님을 추천 받았고, 마침 총무님께서 백중제의 복원과 그 추진을 직접 담당하고 계셔서 면담을 통해 많은 정보와 도움을 받을 수 있었다.

박세환을 말하다

박세환 총무님은 백암면 백봉리에서 3남 1녀 중 장남으로 태어나 지금까지 주민등록 주소지를 단 한 번도 옮겨본 적이 없는, 말 그대로 백암 토박이 중에 토박이다. 총무님은 평생 농사만 지은 농부의 아들로 태어나 이사 한 번 없이 같은 집에서 4대째 살고 있다. 1남 2녀의 자녀들 중, 딸 둘은 모두 서울로 나가 있고 아들은 군복무 중이라 현재는 아내와 단 두 분이 때 아닌 신혼을 즐기고 있다.

3. 박세환, 백암 생활과 백중문화제를 말하다_ 169

농사가 싫었던 소년

나 어릴 때는 공부하기가 무척이나 힘들었어요. 지금이야 중학교가 의무교육이라 등록금을 안 내지만, 그 땐 아니었으니까. 등록금을 내야 하는데 그게 어디 쉽냐구. 단지 돈이 없어서 중학교에 진학하지 못하는 친구들도 여럿 있었죠. … (그에 비해) 나는 참 다행이었죠. 주변 친구들에 비교하면. 우리 부모님은 저를 중학교에 보낼 능력이 되셨고, 또 다른 가정에 비해 제 교육에 열정적이셨어요. 가급적이면 농사를 짓기 보다는 공부를 해서 성공하시기를 바라셨으니까. …(중략)… 아휴 그런데 뭐 그 때 중학교 다니면 뭐합니까. 환경이 참 힘들었어요. 제가 학교 다닌다고 해서 집에서 농사를 짓는데 그 농사일 안 거들 수 있겠습니까? 그것뿐이면 말을 안 합니다. 근처에 농고가 있었는데 거기서도 그렇게 학생들을 잡아다가 일을 시켰어요. … (그렇게) 어릴 때부터 하도 농사일에 시달려서, 진짜 농사일 안 해야지 절대 안 하고 살아야지 그랬어요.

박세환 총무님이 중학교를 다니던 그 시절의 교육환경은 지금과 많이 달랐다. 지금은 대부분의 부모가 자식을 대학에 보내기 위해 열성이지만, 그 당시엔 먹고 살기도 힘들었기 때문에 자식의 교육을 뒷바라지하는 가정이 그리 많지 않았다. 그의 주변에도 중학교에 진학하는 대신 부모님을 도와 농사일에 전념한 친구가 여럿 있었다. 그는 중학교에 진학했지만, 공부에만 집중할 수 있는 여건이 되지 않

박세환 총무

앉다. 학교를 다녀오면 항상 부모님의 농사일을 거드는 것이 일상이었다. 그 지역 대부분의 고등학교들이 농고였기 때문에 학교 정규수업이 끝나도 매일 학생들을 불러 일을 시켰다. 그 당시엔 전기도 없고 관개시설이 발달하지 않아 하우스에 일일이 물을 길어 날라야만 했다. 특히 오이처럼 물을 많이 필요로 하는 작물에 물을 주기란 여간 힘든 일이 아니었다. 게다가 방학 동안에도 학생들에게 퇴비 할당량을 500kg 또는 800kg씩 주어 방학이 끝날 때까지 그 할당량을 모두 채워야 했다. 한창 공부해야 할 시기에 끊임없는 농사일에 지쳐 그는 결국 농사가 아닌 다른 일로 성공하겠다고 다짐했다. 그의 부모님 또한 그가 농사보다는 다른 길로 가길 바랐다.

넘어져 방황하다

중학교 때까지 그렇게 농사일로 지긋지긋했는데, 농고 가고 싶었겠습니까? 농고에 가면 매일 농사일만 할 게 뻔했고 농고 가느니 차라리 안 가는 게 낫겠다 싶었어요. 다행히 우리 아버지 생각도 저와 같았죠. … (하지만) 그렇게 농고를 가기 싫어서 정말 너무나도 원해서 진학한 상고였지만 그 생활은 내 상상과는 전혀 달랐죠. …(중략)… 백암중학교에서 나 혼자 상고에 진학했고, 자신감이 있었죠. 하지만 막상 고등학교를 입학해 수업을 들어보니 다른 학생들과 나는 수준차이가 너무 심하더군요. … (뿐만 아니라) 지금도 학교폭력이 문제가 되고 있지만 그 당시의 학교폭력은 지금과 또 달랐어요. 정말 이유 없이 패는 무자비한 구타가 매일같이 반복됐죠. 지금이야 뭐 그러면 고소도 하고 부모들이 난리가 나지만, 그때는 그런 거 없어요. 그냥 맞으면 끝나는 겁니다.

3. 박세환, 백암 생활과 백중문화제를 말하다 _ 171

　당시 백암의 고등학교는 다 농고였지만, 그와 그의 아버지는 농고에 진학하는 것에 대해 상당히 부정적이었다. 그래서 그는 백암중학교를 졸업한 후 죽산에 있는 상고에 시험을 보고 입학했다. 그 당시 상고는 너도나도 가길 꿈꿨던 인기학교였기 때문에 경쟁률이 매우 높았다. 실제로 백암에서 상고에 진학한 사람이 박세환 총무님 한 사람뿐이었다 하니, 상고에 진학하는 것이 얼마나 어려웠는지 알 수 있다.
　하지만 그토록 꿈에 그리던 상고의 생활은 생각과는 아주 달랐고 심지어 절망적이기까지 했다. 그는 학교폭력으로 힘든 고등학교 시절을 보내야만 했다. 학교 선배들로부터 당하는 학교폭력도 있었지만 가장 심했던 것은 그 지역의 고등학교에 진학하지 못한 아이들로부터 비롯되었다. 당시 상고 진학이 어려운 것은 어느 지역이나 마찬가지였고, 죽산 또한 다르지 않았다. 이런 상황으로 상고에 진학하지 못한 죽산 지역 아이들의 시기와 질투는 자연스럽게 지역 텃세로 이어졌다. 그 아이들은 항상 골목을 지키고 서서 지나가는 타 지역 아이들의 돈을 빼앗고, 폭력을 일삼았다. 다른 학생들과의 학습적 수준차이도 감당하기 힘들었다. 다른 학생들은 주판을 미리 배우고 올라왔지만 그는 주판보다 농사일을 하며 자랐기 때문에 입학 때부터 이미 수준차가 상당했고 그것을 따라잡기란 쉽지 않았다.
　당시 상고를 졸업하면 보통 은행으로 취업하는 것이 관례였지만, 이렇게 힘든 고등학교 생활을 보낸 그는 그런 일이 체질에 맞지 않는다고 느꼈고 상업계로의 취업을 포기했다. 아이러니하게도, 그는 결국 농사가 싫어 도피하듯 진학한 상고를 졸업한 후 다시 농사를 짓기로 결심하게 되었다.

'농사'로 다시 일어나다

　농사짓게 된 첫 번째 이유가 뭐였냐면, 도시 나가서 내 능력으로 경쟁을 해서 살아남기가 어렵겠다는 판단을 하게 돼요. 참 비겁한 거죠? 도시 나가서 내가 정말 살아남을 수 있겠는가? 저 경쟁 속에서? 차라리 경쟁력이 약한 시골에 남아서 농사로 성공을 해보자 생각합니다. …채소 1급 자격증을 따는데, 채소라는 게 그냥 일반 채소가 아니라 서양채소를 말하는 거예요. 그중에서도 가장 주품목이 피망이었어요. …(그러던 중)… 농업문제가 심각해져요. 우리가 농업문제를 만든 게 아니라 외생적인 변수죠. 정책이 농업을 홀대하기 시작한 거죠 … 그동안 농업에 청춘을 모두 바쳤는데 너무 억울한 거야. 그동안 이웃과 우리 농업을 위해서 열심히 투쟁했을 때도 그렇게 억울하다는 생각은 안 들었는데 어느 날 문득 회의감을 갖고 부가가치가 좀 더 높은 식품제조업을 하게 됩니다.… 순대제조업을 하면서 성과를 봅니다. 군대에 납품도 하고 홈쇼핑에서 최초로 판매도 하죠. …(중략)… 요즘은 백암 구제역 때문에 공장을 쉬고 있어요. 백암의 산업이 주로 축산업인데 구제역이 와서 이동제한이 걸렸어요. 이동제한으로 축산물을 이동시키지 못하니 순대에 필요한 부산물을 반입할 수 없게 되었죠. 그래서 일단 좀 쉬고 좋아지면 이제 다시 가동을 해야죠.

　힘든 고등학교 시절을 통해 자신감을 잃어버린 탓일까? 박세환 총무님은 상고를 졸업하고 난 후 다시 농부의 삶을 택했다. 경쟁이 심한 도시에서 살아남을 능력이 없다고 판단하여 보다 안전하고 익숙한 시골에 남기로 했던 것이다. 다시 농사를 짓기로 결심한 이상, 그는 반드시 이 분야에서 성공을 하리라 다짐했다. 그는 당시 잘나가는 농업학교나 공장에 가서 일하며 일을 배우기 시작해 결국 그 노력의 결실로 농사자격증 채소 1급을 획득했다. 당시 채소 1급 자격증은 전국에서 8명밖에 없을 정도로 흔치 않았다.

그는 군 제대 후 1983년쯤 피망농사를 시작했다. 당시 피망은 지금과 달리 흔치 않은 채소였기 때문에 주로 호텔이나 미군부대에 판매를 했고 당시 그가 전국에서 가장 많은 피망 생산을 했던 장본인이었다. 그리고 그 쯤 농촌에서 농부로서 생활하면서 차차 농촌문제에 대해서 눈을 뜨기 시작했다. 농업문제가 심각해진 것이다. 농민들의 문제가 아니라 정부가 중공업을 중시하면서 상대적으로 농업을 홀대하여 발생한 문제였다. 농사란 것 자체가 본래 수지 맞추기가 힘든데, 이런 국가중심정책의 변수는 농민들을 더욱 힘들게 했다. 투쟁하지 않고서는 방법이 없었다. 그는 쌀값 투쟁, 주가파동 등 최루탄을 마셔가며 농민운동을 했다. 그는 용인에서 최초로 농업계연합회를 만들어 회장직을 맡고, 다른 시, 도 단체의 기획정책담당부회장 등 여러 직책을 맡으며 농업문제에 깊이 관여했다. 힘든 농민운동과 투쟁에도 그는 결코 농사일을 게을리 한 적이 없었다. 그러던 어느 날, 그는 결산서를 보고 회의감이 들었다. 당시 벼농사를 2만 평 정도 지었는데, 조수익을 맞춰보니 6천만 원 정도였고, 이마저도 생산비를 빼고 나면 남는 게 없었다. 농사로 성공해보겠다고 투철한 정신으로 농사에 청춘을 바쳤는데 문득 억울한 생각이 든 것이다. 그는 나머지 청춘 동안에도 이 투쟁을 계속해야 할지 의문이 들었다. 고민 끝에 그는 부가가치가 높은 식품 제조업을 하기로 마음먹었다.

그는 백암순대의 맛을 전국에 알리고자 순대를 가공하여 보급하기로 결심했다. 순대공장을 지어 운영하고 '씨앗들 찰순대', '백암인의 순대' 등 백암순대를 생산하고 전국에 유통해 성과를 보았다. 그는 최초로 순대를 군대에 납품하고 홈쇼핑에서 판매를 하는 등 백암순대의 브랜드파워를 성장시켰다. 하지만 현재는 백암에 구제역으로 인해 축산물의 이동제한이 걸렸고 그의 순대공장 또한 가동을 잠시 멈춘 상태다.

나의 고향 백암

백암에서 태어나서 자랐고 교육도 받고 그렇게 잔뼈가 굵었는데… 철이 들면서 실제 농업문제에 투신하면서 백암을 돌아볼 기회가 사실 적었어요. … (그러던 중) 어느 날 체육회장을 맡아달라고 해서 체육회장을 얼떨결에 맡았습니다. 비로소 이제 백암 문제에 관심을 갖기 시작을 했죠. 백암이 이렇게 열악한데. 내가 사는 동네가 이렇게 열악한지를 그때 비로소 깨달은 거예요. … 근데 이런 상황을 아무도 고민하고 걱정하는 사람이 없어요. 정치하시는 분들이나 용인의 공무원들이나 또 백암 주민 누구도 이 문제 심각성을 고민하지 않습니다. …(중략)… 참 갑갑스럽죠. 그래서 이제는 우리 스스로 찾아서 문제 제기도 하고 해결방안도 찾고 이렇게 해야 된다고 생각합니다. 그래서 백암에 특별하게 그런 기능을 하는 기구가 없기 때문에 체육회장을 맡은 임기 중에 백암분들에게 우선 자각을 줘야겠다. 문제의 심각성을 주민들이 알지 못하니까.

온 청춘을 농민 운동에 바쳤던 박세환 총무님은 백암면 체육회장직을 맡으면서 백암이 처한 현실과 문제점에 관심을 갖기 시작했다. 더 나은 농촌환경을 위해 시와 도에서 투쟁하는 동안 정작 그의 고향 백암을 돌아보지 못했다는 사실을 깨달은 것이다.

그가 농촌문제에 전념하는 동안 현대화는 빠르게 진행되었고 백암의 상황은 그의 생각보다 심각했다. 그가 돌아와 본 가장 큰 백암의 문제는 인구였다. 과거 전국의 인구가 천만도 안 되던 시기에 5천 2백 명이나 살았던 백암이었다. 반세기 전만 하더라도 용인시 인구의 약 3분의 1을 차지할 만큼 큰 고장이었다. 그러나 산업화와 도시화로 인해 농업소득으로 더 이상 먹고 살기가 힘들어지자 수많은 사람들이 공장으로 향했고, 수십 년이 지난 지금 백암은 용인시 인구의 100분의 1도 채 안 되는 변방으로 소외당하고 있다. 인구 92만 명이 넘는 대도시로 성장한 용인시에 반해 백암은 70~80년대와 비교해 별다른 발전이 없었다. 게다가 백암 전체 인구의 21%가 65세 이상의 노인으로 백암은 이미 초고령화 시대에 접어들었다. 무엇보다 가장 큰 문제는 이러한 문제를 아무도 고민하지 않는다는 것이었다. 국가의 오염청량제 제도로 공장시설을 지을 수 없고, 중심산업인 축산업으로 인한 심한 악취는 외지사람들에게 백암에 대한 부정적 인식을 심어주었다. 결론적으로 인구가 늘지 못하니 자연히 유권자 수도 줄어들면서 한때 부촌이었던 백암은 지자체로부터 정치적으로 주목 받지 못하는 변방으로 소외당하는 악순환을 벗어날 수 없었다.

그라도 나서지 않으면 안 될 것 같았다. 백암면 체육회장직을 맡는 임기동안만이라도 백암을 위해 다시 한 번 투쟁하고 싶었다. 용인 동부의 외진 변방에 불과하지만 백암은 그가 나고 자란 고향이자 백중제의 역사가 깃든 전통 장이 유지되는 곳이었다. 그는 위축된 백암의 경제를 살리기 위해 자신이 무엇을 해야 할까 수 없이 고민했고, 자연스럽게 떠오른 것이 어릴 적 많은 사람들이 모여 떠들썩했던 백암장, 그리고 백암장의 주 행사가 되었던 백중제였다.

추억이 살아 숨쉬는 그 곳, 백암장과 백중제

나 어릴 적에는 볼거리가 많이 없던 시절이라, 장날은 뭐 항상 기다리던 날이었죠. 행사도 많이 하고, 모든 사람들이 딱히 살 게 없어도 장에 나왔어요. …농악 대회, 씨름 대회하며 아주 한바탕 흐드러지게 놀았죠. 어릴 적이라 직접 참여는 하지 못했지만 어른들 하는 행사 따라다니며 씨름 구경하고, 백암농악대 뒤를 졸졸 따라다니며 놀던 기억은 생생합니다. …(특히) 백중장이 선다고 하면 거의 모든 백암면민들이 백암장으로 모였어요. 평상시와 다르게. …백중의 의미는 뭐 아시겠지만 농사일에 지친 농부들이 하루 쉬는 날인데 특히 머슴들의 날이라 해가지고 머슴들에게 용돈도 주고 …새 옷도 입혀서 백암장에 가서 막걸리도 한잔 하게 하고 쉬게 해주는 풍습이 있었어요. …각 마을에 있던 농악대들이 나오고 전국의 씨름꾼들이 다 모이고, 그니까 사람이 많이 모이니까 그런 씨름대회도 가능하고 농악대회도 가능했던 거죠.

백암장은 그의 어린 시절 추억 속에서 빠질 수 없는 특별한 곳이었다. 볼거리가 없던 시절 그에게 장날은 항상 기다리던 날이었다. 구입할 물건도, 물건을 살 돈도 없던 시절이었지만 장날만 되면 마을사람들 모두 장으로 모여들어 서로의 안부를 묻고 농악대회나 씨름대회 등 장에 열리는 행사들을 즐겼다.

과거 백암장은 우시장으로 유명했기 때문에 소 이외에도 돼지나 닭 등 다양한 가축들의 거래가 많이 이루어졌다. 판매물품 또한 지금과는 많이 달랐다. 주로 사람들은 가계유지를 위해 집에서 나는 농산물, 특히 특산물을 많이 팔았다. 또 여러 장꾼들이 모여 다양한 상품을 많이 팔았는데 박세환 총무님의 기억 속에 특별히 남는 것은 싸구려 신발이다. 싸구려 신발은 신발을 만들고 남은 불량품들, 짝이 안 맞는 운동화나 농구화, 여러 신발들로 시장 한구석에 산더미처럼 쌓아놓고 손님들이 직접 짝을 맞춰 사가도록 해놓은 것이었다. 짝이 잘 맞으면 800원이고 그렇지 않은 것들은 보통 500원 정도의 가격이었다고 하니 지금으로선 정말 놀 랄 일이다. 한번은 설 명절 때 총무님의 어머니께서 싸구려 신발 산더미 에서 짝이 잘 맞는 농구화를 한 켤레 사주셨는데 그 때는 농구화 하나도 얻어 신기 어려운 시절이었기 때문에 농구화 하나를 얻고 어찌나 기뻤던 지 신이 나서 펄쩍펄쩍 뛰던 기억이 아직도 그의 머릿속에 생생하게 남 아있다.

백암장의 유명한 행사였던 백중제가 되면 씨름대회와 농악대회가 열 렸다. 씨름대회는 백암 인근의 깡패 무리나 소문난 힘센 장정들이 많이 모여들면서 발전했다. 박세환 총무님도 학창시절 직접 참여는 못했지만 황송아지를 타기 위해 모여든 장정들의 씨름판 구경을 하며 자랐다. 또 각지로부터 온 농악대들의 공연을 보기 위해 마을사람들과 그 뒤를 졸졸 따라다니기도 했다. 그 농악대들이 백암장 주변의 가게나 부잣집에 가서 한바탕 놀아줄 때면, 주인들은 술상과 먹을 것을 대접하는 훈훈한 인심 도 있었다.

그러나 많은 장꾼들과 소가 모여 부를 이루었던 백암장이 그리 오래가 진 못했다. 그가 상고 진학을 위해 다른 지역으로 이동하면서 백암에 올 기회가 줄어들 그 무렵 백암장도 쇠퇴의 길을 걷기 시작했다. TV의 보급 에 따라 볼거리와 놀이문화가 변화했고, 앞서 언급한 백암의 인구 감소도 백암장이 축소되는 데 큰 영향을 끼쳤다. 시장과 상가번영회가 행사를 추진하기 위한 자금을 확보하기 어려워지자 곧 백중제 또한 자취를 감추 게 되었다. 특히 곳곳에 대형마트들이 들어서면서 작은 가게와 점포들이 문을 닫기 시작했고 장꾼도 5분의 1로 줄었다. 게다가 그 몇 안 되는 장꾼 81명 중 백암 지역 사람들은 10%도 안 된다 하니 외지사람들이 물건을 팔아 오히려 백암의 부가 빠져나가는 꼴이었다. 백암장을 유지하는 데에도 많은 어려움이 있었다. 전통 재래시장의 모습을 유지하자니 발전이 없었고, 또 편의를 위해 현대화를 하자니 상설시장이 되버릴 우려가 있어 이도저도 못하는 상황이었다. 이러한 여러 문제점들을 두고 박세환 총무님은 고향 백암을 위해, 백암장을 위해 할 일이 무엇인지 고민한 끝에 백암 지역 문화제 발굴 및 보전위원회에 동참하게 되었다.

그래, 무엇이든 해보자!

백암의 경제가 위축이 되자, 지역의 생각 있는 유지분들이 지역경제를 활성화시켜야 하는데 어떻게 하면 좋을까 머리를 맞대고 고민을 했고, 그 결과 생각한 것이 바로 문화제, 백중제를 복원하는 것이었습니다. …(중략)… 작년에 처음 치러진 백중제는 백중행사를 진행한다는 것 자체에 의미를 두고 씨름과 농악에 초점을 맞춰 계획하고 진행했죠. … 사람들을 불러 모으기 위해 각종 놀이마당과 색소폰 콘서트, 먹거리 행사 같은 것을 가미했고, 특히 순대를 마음껏 먹을 수 있는 순대기네스 행사는 사람들의 좋은 반응을 이끌어 냈습니다. …(중략)… 과거의 장을 구성했던 요소들을 하나씩 찾아 조합했고, 우리가 할 수 있는 것들은 최대한 챙겨서 구성했어요. … 백중제를 진행하면서 예산상의 문제를 비롯해 많은 난관에 부딪혔고, 또 생각해보고 해결해야 할 많은 문제점들도 발견하게 되죠. …(중략)… (그래도) 생각보다 많은 외지분들이 찾아와주셨고, 성공적으로 행사가 진행되고 마무리 되었습니다.

백암 지역 문화제 발굴 및 보전위원회는 현대화의 진행과 함께 도시경제의 산업화에 의해 농촌인 백암경제가 위축되면서, 문화제를 통해 백암 경제를 활성화시키려는 취지에서 설립된 단체로 지역 내 30여개 단체의 대장, 회장님들로 이루어졌다. 박세환 총무님도 이 위원회에 뜻을 함께하고 백암의 경제활성화를 위해 어떤 문화제 행사가 좋을지 함께 의논한 결과, 수 백 년 동안 지속되었지만 지금은 사라진 백중제를 복원하자는데

백중문화제 행사 사회 중인 박세환

다 같이 의견이 모아졌다. 그렇게 2011년 처음으로 복원된 제1회 백중제는 백중행사를 진행한다는 것 자체에 의미를 두었고 가장 우선으로 재현했던 것이 바로 백중제의 주요행사였던 농악과 씨름이었다.

과거 백중제는 씨름과 농악이 어울러져 한바탕 노는 축제였다. 특히 황소를 상품으로 내걸고 벌이던 씨름은 용인씨름 명성의 원천이었고, 백중 씨름을 기점으로 유명세를 탄 '용인 백옥 씨름단'이라는 프로 씨름단을 창단하기도 했다. 하지만 프로 씨름단이 괄목할 만한 성적을 내지 못했고, 씨름선수 육성을 위해 설립한 백암중학교의 씨름단 또한 전국대회 출전해 수상을 하는 등 성과를 이루긴 했으나 고등학교, 대학교까지 이어지진 못했다. 더욱이 씨름판 모래가 10년 동안 교체되지 못해 위생적으로도 열악한 환경을 벗어나지 못하는 문제점이 가장 컸다. 이러한 문제점들을 극복하고 씨름에 다시 흥미를 끌어 모으기 위해서는 제1회 백중제 복원에 있어서 씨름은 빠질 수 없는 행사였다. 이에 박세환 총무

백중문화제 행사 모습

님은 씨름대회를 기획했지만 시기적으로 진행하기가 쉽지 않았다. 마침 백중제가 열리는 시기가 인천지역 축전과 맞물려 씨름선수들의 모집이 어려워진 것이었다. 다행히도 씨름협회에 의뢰를 하여 경기권의 2류 선수 150명 정도를 가까스로 모집할 수 있었고, 전국장사씨름대회 행사를 치를 수 있었다.

농악행사를 치르는 데 있어서도 과거처럼 쉽지 않았다. 예전에는 마을마다 농사를 끝내고 농악놀이를 하는 두레패들이 있었기 때문에 백암면 범위 내에서 농악대회가 가능했다. 하지만 지금은 농악을 하려는 사람이 없을뿐더러 과거 농악놀이를 하던 사람들이 아쉬운 마음에 모여 근근이 농악놀이를 유지하는 정도였다. 백암면에 농악을 하는 팀이 단 한 팀만 남아 있는 상황이라 경연대회를 하기는 무리였고, 전문가의 도움을 받을 수밖에 없었다. 그는 4개 팀의 전문 농악팀과 풍물팀을 섭외하고, 가까스로 농악 공연 행사를 추진할 수 있었다.

그러던 중, 박세환 총무님은 과거 백중제의 전통성만 유지해서는 현대의 백중제를 진행하기에는 부족하다고 판단했다. 과거처럼 사람들이 씨

3. 박세환, 백암 생활과 백중문화제를 말하다 _ 181

름과 농악에 큰 흥미가 있는 것도 아니고, 많은 사람들의 발걸음을 이끌기에 부족한 것이 사실이었다. 그는 외지인들이 행사에 올 수 있는 흥미 요소를 찾기 위해 고민했고 그로 인해 추진한 것이 바로 색소폰 콘서트였다. 처음 색소폰 콘서트를 기획한다고 하였을 때 백중과 관련성 없는 색소폰 콘서트를 진행하는 것이 무슨 의미가 있을지 많은 주민들이 우려를 했다. 하지만 곧 모두가 과거의 백중제만으로는 방문객을 확보하기가 어렵다는 현실을 깨닫고 요즘 사람들이 즐길 수 있는 현대적인 요소가 필요하다는 그의 생각에 동의했다. 프로 색소폰 연주가를 섭외하여 공연을 진행한다면 좋겠지만 그것은 예산상으로 어려운 일이었다. 그는 인터넷 카페나 동호회에 백중제에 개최되는 색소폰 콘서트를 공지하여 참여를 유도했고 생각보다 많은 사람들이 자발적으로 무료공연을 하겠다고 나섰다. 결과적으로 시골에서 색소폰 콘서트를 주최하고 공연한다는 것에 대해 많은 사람들이 신선함을 느꼈고, 연주자와 관람자들 모두가 만족하는 성공적인 공연으로 마무리 할 수 있었다.

행사에 있어서 먹거리 행사도 빠질 수 없었다. 그는 백암 백중행사의 먹거리 행사라면 단연 백암순대를 중심으로 해야 한다고 생각했다. 이에 전통 백암순대를 중심으로 한 '순대 기네스' 행사가 탄생하게 되었다. 본래 취지는 세상에서 가장 긴 순대를 만들기 위해 만들어진 행사였지만 현실적으로 순대를 길게 잇기가 어려웠기 때문에, 방문객들이 직접 순대를 만들어 삶아보고 직접 만든 순대를 즉석에서 먹을 수 있는 체험형 행사로 전환했다. 이는 성공적이었다. 참여한 많은 방문객들이 순대를 직접 만들어 보는데 흥미를 느꼈고 맛있는 순대를 배불리 먹을 수 있어 아주 만족스러워 했다. 그 외에도 복지TV의 도움으로 백암 백중 가요제를 개최하는 등 과거 백중제의 요소들과 함께 현대적으로 조합한 여러 가지 볼거리 행사들을 진행하였고, 많은 주민들의 협조로 비교적 성공적으로 행사를 마칠 수 있었다.

제1회 백중제 개최에 그는 만족감을 느끼면서도 여러 가지 한계점과 과제들도 함께 깨달았다. 특히 예산의 문제가 가장 시급했다. 전체 예산 약 7천 5백만 원 중 용인시에서 지원 받은 금액은 약 2천만 원에 불과했고 나머지 약 5천 5백만 원은 농협 용인시지부와 주민들의 찬조와 기부로 이루어졌다. 이는 규모와 주민 참여에 있어서 용인의 보조사업 중 최초로 주민 자부담으로 이루어진 행사였다. 1회는 어떻게 해서 진행했다고 해도, 이렇게 큰돈이 드는 축제를 계속 작은 농촌지역에서 직접 치르기는 현실적으로 불가능하다. 지금도 박세환 총무님은 어렵게 복원된 백중제가 이러한 문제점으로 다시 사라지게 될까 많은 걱정과 고민을 하고 있고, 백중제 지속을 위해서는 용인시의 관심과 지원, 그리고 이를 통해 다양한 볼거리와 프로그램을 구축해서 방문객을 확보하는 것이 절대적이라고 말한다.

내일을 향해 걷다

지금 젊은 세대 젊은 계층에게 오일장은 별 의미가 없어요. …거기 가서 찾을 게 아무것도 없어요. 뭐 옷을 살 수 있겠습니까? 기호에 맞는 식품이 있겠습니까? 뭐 자기들이 좋아하는 볼거리들이 있겠습니까? 그래서 오일장에 젊은이들을 끌어들일 수 있는 뭐 어쨌든 키워드가 있어야 하는데 뭐 너무 힘든 대목이죠. …(중략)… 어쨌든 백암장에 좀 예산이 투여돼서 정비도 되고 이렇게 많은 사람들이 찾을 수 있는 그런 장이 만들어졌으면 좋겠습니다. …(중략)… 백암이 전혀 희망이 없는 동네는 아닙니다. … (백암에) 자랑거리가 두 개가 있어요. 거기 한택식물원이 위치

하고 … 두 번째는 MBC 드라미아라고 하는 오픈 세트장이 있어 기본적
으로 관광인프라는 구축이 되어있습니다. …(중략)… 그 (관광객)분들이
거기만 보고 가실 게 아니라 백암도 돌아볼 수 있도록 만들어야죠. 그러
려면 볼거리를 하나 만들어야 하고 와서 즐기고 먹고 마실 수 있는 그런
것들을 지역사회에서 만들어내야 하죠. 그렇게 한다고 하면 (백암이) 충
분히 관광도시로서 성장할 수 있지 않겠나 그렇게 생각합니다.

백암장에는 젊은이들을 끌어들일 수 있는 키워드가 필요하다. 세대교
체로 인해 점점 소외되는 전통장에 젊은이들의 방문을 유도하는 것만큼
절실한 것은 없다. 박세환 총무님이 예를 드는 대표적인 성공 케이스는
전남 장흥의 토요시장이다. 전남 장흥의 시장과 군수는 토요시장 안에
공연장을 만들어 매주 토요일마다 대중가수나 인디밴드 등 젊은이들이
좋아하는 공연을 제공함으로써 재래시장을 활성화시켰다. 공연에 드는
비용을 예산으로 지원해 젊은이들이 함께할 수 있는 공간을 조성하고,
시장의 규모를 확대시켜 많은 방문객을 확보한 결과는 자연히 지역경제
발전으로 이어졌다. 박세환 총무님은 토요시장처럼 백암과 백중제도 더
많은 예산이 투자되고 깔끔하게 정비하면 더 많은 손님들이 찾을 것이라
믿고 의회나 시의회를 통해 개선 방안을 추진 중이시다.

백암아, 또 보자!

우리들에게 전통시장은 이제 먼 과거의 이야기가 되어버렸다. 가까운
거리 내에 대형마트와 할인마트들이 줄 지어 서있고, 집 바로 앞에는 24
시간 편의점이 대기하고 있다. 뿐만 아니라 이제 인터넷이나 모바일을
통해 언제 어디서든 원하는 물품을 구입하고 결제할 수 있는 시대가 되

었다. 한때 백암 지역사회에 부를 가져다주었던 백암장도 그 활기와 생동감을 잃은 채 시끄럽고 냄새 나는 옛 터로 전락해버렸다. 하지만 누군가에게 보잘 것 없는 곳이 누군가에게는 반드시 지켜야 하는 곳이 될 수도 있다. 박세환 총무님에게 있어 백암장이 그렇다. 그에게 있어 백암은 어린 시절 추억과 삶이 서려있어 차마 놓을 수 없는 곳이다. 전국 각지에서 모여든 장돌뱅이들이 손님을 끌어 모으는 소리, 다양한 볼거리와 그 속에서 들리는 사람들의 웃음소리, 풋내 나는 야채들, 여기저기서 우는 소 울음소리, 순대 삶는 냄새, 신명 나는 농악패들과 그 뒤를 쫓는 어린 아이들까지… 그는 수십 년 전 활기를 띠던 백암장터를 잊지 못한다. 때문에 고향을 위한 애틋한 마음과 이를 지켜내기 위한 그의 노력은 오늘도 계속되고 있다.

4. 백암 백중문화제를 기록하고 있는 사진작가 김명수

임영상

2011년 7월 장맛비가 오는 날, 중국 용정에서 온 사진작가이자 전 용정문화관 관장인 리광평 선생과 함께 용인시 백암면 면사무소를 찾았다. 2007년 중국조선족사회의 문화중심 용정에서 우리민족의 전통민속 백중행사가 복원된 데 이어 2008년 길림성 성급무형문화유산으로 등재된 바 있는데, 마침 용정의 백중행사를 기록해온 리광평 선생의 한국 방문길에 용인문화원 김장호 원장의 소개로 백암을 찾게 된 것이다. 백암면사무소 회의실에 모인 백암사람들. 그날 필자는 예술인의 풍모를 드러내는 사진작가 김명수 선생을 만났다.

아버지와 아들, 백암에서 서울로 유학

백암 사람 김명수는 1949년 1월 아버지 김영완(金永完)과 어머니 구원회(具元會) 사이에서 4형제 중 장남으로 출생했다. 그는 지금도 부모님의 투철한 교육관에 감사하고 있다. 14마지기 논농사로 빠듯한 살림이었지만, 부친은 4형제뿐만 아니라 자신의 남동생까지도 서울로 유학을 보냈다. 김명수가 중학교에 들어갈 때, 백암에서 13명이 서울에 가서 시험을 치렀는데 성남중학교를 지원한 김명수만 합격했다.

 엄격한 학칙으로 유명했던 성남중학교. 여름방학마다 전교생이 헤엄쳐서 한강을 건너가는 행사가 개최되고 있었다. 1964년 여름, 중학교 1학년생으로는 유일하게 1명만이 한강을 건넜다. 김명수였다. 초등학교 1학년 때 물에 빠져 하마터면 생명을 잃을 뻔했던 김명수는, 같은 하숙집에 살았던 고등학교 3학년 선배의 지도도 있었지만, 참으로 열심히 연습했다. "해보지 않고는 얘기도 하지 말라"는 자신의 신념을 실천했다.

 420명을 뽑는 성남중학교 시험에서 6등으로 입학해 2등으로 졸업한 김명수는 용산고등학교를 가려했으나 실업계인 선린상업고등학교에 진학해야했다. 졸업성적 1~180등 학생의 인문계 진학은 성남고등학교에 가야만했다. 성남고등학교에서는 검도나 유도를 필수적으로 해야만 하는 것도 싫었다. 성남중학교 우수졸업생을 성남고등학교로 진학하도록 강권하는 학교방침은 지금 생각하면 터무니없는 일이다. 당시 학교정책에 저항할 수 있는 방법 중의 하나가 인문계를 포기하고 실업계를 선택하는 길이었다. 선린상업고등학교는 실업계의 명문이라 대학진학에 어려움이 없을 것이라는 것이 김명수의 생각이기도 했다.

 사진작가 김명수 — 김명수의 오늘이다. 1964년 고교 1학년 때 배운 사진촬영 또한 그의 성품의 단면을 드러내 주었다. 학생동아리 AV(Audio Vidio)반에 들어가 시청각실에서 영사기를 돌려 영화를 보는데 너무 화면이 좋았다. "내가 저것을 찍어야겠다"라고 생각으로 김명수는 필름을 오려서 스크랩을 했다. 그러자 시청각반 선생님이 사진은 그렇게 배우는 것이 아니라 전문가에게 배우라면서 국제심사위원 경력의 전리한 사진 선생님을 소개해주었다. 1965년 고등학교 2학년 수학여행, 사진공부를

4. 백암 백중문화제를 기록하고 있는 사진작가 김명수_ **187**

김영완(화살표)의 선죽교사진(1943년-일본개국년호로는 2603년임)

시작한지 1년 만에 그는 '작품' 사진을 제출했다. 부산시 기장군 어촌마을, 가을 하늘 아래 황금들판과 갈매기들이 날아다니는 고깃배들이 한꺼번에 파노라마로 찍힌 것이다. 흑백필름으로 찍은 '첫 작품'은 지금은 없다. 칼라 사진을 찍기 시작한 1967년부터 그는 자신의 분신들을 모으기 시작했다. 그해 강화도에서 석모도로 건너가는 배에서 형제가 노 젓는 모습 사진은 칼라로 찍은 것인데 아직도 보관하고 있다.

김명수는 2006년 통일부의 허가를 받아 사진작가로 개성을 방문한 바 있다. 1943년 신의주로 출장을 갔다가 돌아오는 길에 개성 선죽교에 들른 부친이 기념사진을 찍은 그 자리에서 김명수도 똑같이 찍었다. 아버지 김영완에 대한 그리움과 사랑의 표시였다. 그는 '1943년과 2006년의

1943년 선친(김영완)이 찍었던 자리에서 김명수(2006년 사진)

'사진 이야기'를 주제로 원고지 15매 수필을 계간지『문학미디어』에 실었다. 사진작가 김명수가 수필가로 등단하게 된 계기였다. 프로정신에 투철한 김명수가 찍은 개성 사진 49점 가량은 교육자료로 활용되었다.

사진과 함께 시작한 대학생활, 그리고 짧은 직장생활

김명수는 고려대학교 신문방송학과를 지원했으나 결국 동국대학교 경영학과에 들어갔다. 1967년 가을, 대학 첫 학기를 보낸 후, 김명수는 9월 24일 대학신문사인『동대신문』수습기자 시험에 응시했다. 합격자 발표는 10월 1일이었는데, 김명수에게는 내일부터 무조건 나오라고 했다. 글도 쓰고 사진을 찍을 줄 아니 당장 일을 시킬 수 있다고 생각한

4. 백암 백중문화제를 기록하고 있는 사진작가 김명수 _ 189

것이다. 신입기자들의 발령일인 10월 1일에 그는 이미『동대신문』1면에 작품 사진을 실었다. 동국대학교 교정 불상 앞의 코스모스를 클로즈업해서 뒤로 부처님을 세워서 찍은 사진이었다.

　김명수는 사진기자이면서 글과 그림까지 담당하는 종합(멀티)기자가 되었다. 다른 사람은 취재를 가더라도 카메라 기자가 따라가야 했는데, 김명수는 혼자 가서 사진 찍고 글 쓰고… 또한 국문과가 강한 동국대인 만큼『동대신문』에 시(詩)가 실리는 경우가 많았는데, 김명수는 삽화까지 그렸다. 제목도 디자인하는 다용도 기자인 김명수가 2학년이 되자 연간 1회 발행하는 교지 편집위원에서 연락이 왔다. 1968년 4월부터 경영학과 2학년 김명수는 교지 편집부에도 참여하고 제6집의 부편집장, 마침내 1970년 3학년 때는 제7집의 편집장이 되었다.

　김명수의 외국어 공부도 특별했다. 일본어 원서 교재를 사용하는 수업을 듣기 위해 대학교 1학년 겨울방학에 한국외대 박상원 교수의『일본어 첫걸음』1, 2권을 자습했다. 소설책이지만, 일본어 공부를 하면서『대망 大望』14권을 단지 보름 만에 다 읽었다는 김명수. 미치기(達) 위한 미치기(狂)를 주저하지 않은 그의 젊은 날이 경이롭다. '어떤 일을 하든지 프로가 될 때까지 미쳐버리라'는 고등학교 도덕 선생님으로부터 받은 좌우명을 실행했던 것이다. 대학을 졸업하고 군 입대 전에 영한사전을 번역하고 출판한 것 또한 같은 맥락이었다. 풋내기 대학생이 어떻게? 아무튼 이런 경력으로 김명수는 군생활을 육군사관학교 교재 발간병으로 근무할 수 있었다.

　학생기자 시절 김명수는 내무부 장관(1950)과 동국대 총장(1953)을 역임한 백성욱 스님으로부터 평생의 좌우명, 나아가 가훈을 받게 되었다. 『동대신문』편집부가 소사 부천의 과수원에 집을 짓고 살고 있는 스님을 만나 인터뷰를 해오라고 했다. 금요일 오후에 갔는데 날이 어두우니 돌아가라고 하면서 문도 열어주지 않았는데, 문패에 應作如是觀(응작여시관)이 쓰여 있었다. 두 번째 방문 때 인터뷰를 마치고 '응작여시관'의 뜻을 질문했다. 금강경 마지막 구절로 '마땅히 그렇게 보아라', 즉 '세상사 모든 것은 될 것은 되고 안 될 것은 안 된다. 그런 즉 긍정적으로 생각하라'는 뜻이었다. 이후 應作如是觀은 김명수와 같이 했다. 훗날 서예를 배운 김명수는, 자녀들이 학교에서 가훈을 써오라고 할 때마다 應作如是觀 글자 탁본을 만들어 학교에 보냈다. 그러면 답장이 꼭 왔다. 무슨 뜻인가?

1973년 군 제대 후, 김명수의 직장생활은 짧았다. 육사 교재 발간실에서 만난 조승규 친구 덕택에 중앙산업 무역부에서 일을 시작했다. 경영학과 출신에 상고를 나와 결산회계까지 해본 김명수에게 중앙산업을 운영하는 조승규(현재의 중앙산업회장)가 도움을 청한 것이다. 그런데 당시 중앙산업이 상당히 어려웠다. 주변 사람들의 월급이 8~9만 원인데, 5만 원을 받았다. 친구를 돕는 것도 좋지만, 가장으로 생활인이 되어야했다. 중앙산업을 나와서 대한약품공업협회 무역부에 들어갔다. 그러나 그의 직장생활은 1977년에 마감되었다. 그해 사랑하고 존경하는 부친이 세상을 떠났다. 직장에서는 삼우제를 지내고 출근하라고 했다. 그는 아버지를 떠난 보낸 어머니를 홀로 두고 갈 수 없다고 생각하여 1주일 후에 출근했다. 동생들도 1주일 휴가를 받은 터였다. 못마땅해 하는 직장에 곧 사표를 쓰고 원료약품과 의료기기를 수입하는 오파상을 차렸다. 직원이 50명까지 되었었다.

1980년 1월, 어머니가 홀로 계신다는 것이 마음에 걸려 오파상을 정리하고 백암으로 내려왔다. 그런데 백암에 내려왔더니 서울에서 미국 바잉오피스 한국대리점을 맡아달라는 요청이 왔다. 그래서 백암에서 매일 출퇴근을 했다. 일주일 출퇴근을 해보니 너무 힘들었다. 차를 갖고 다녔는데, 통행금지가 있을 때였음으로 밤에 귀가할 때는 차가 한 대도 없었다. 백암에서 어머니는 모셔야 하겠고 서울로 출퇴근하는 것은 너무 고단했다. 김명수는 백암에서 살아갈 방법을 찾았다. 그의 직장생활은 이렇게 마감되었다.

홀로된 모친을 생각하면서 다시 고향 백암으로

우선 종손인 부친이 세상을 떠난 후 10만 평 되는 종중산 임목이 팔렸는데, 아직 나무는 처분되지 않은 상태임을 알았다. 노가다 일은 처음이었으나 사람을 사서 함께 일했다. 천만 원 가량이 남았다. "야, 시골서 눈만 뜨면 돈 벌겠다"고 생각한 김명수는 영업용 화물 트럭, 2.5톤 타이탄을 샀다. 서울로 쌀을 내다 팔았다. 처음에는 기사를 두었는데, 한 달에 300만 원씩 적자였다. 8개월 후에 직접 운전을 해보니 매달 200~300만 원씩 흑자가 났다. 백암 사람들 모두 머리 좋은 집안의 장남, 대학공부까지 마친 김명수가 영업용차를 끄느냐고 했다. 그러나 그는 마음에 두지 않았다.

어느 날, 2.5톤 최신형 슈퍼 타이탄 트럭에 쌀을 4톤(50개)이나 싣고 초등학교를 지나면서 브레이크를 밟았는데 20~30여 미터가 쫙 밀렸다. 두려움이 엄습했다. 그날 쌀을 내려놓고 장안평 중고차시장에 가서 트럭을 팔았다. 대신에 1톤짜리 용달을 샀다. 배추와 무 등 각종 농산물을 다루었다. 3년을 하는 동안 하루도 못 쉬었다. 서울에서 면허를 땄고 서울에서 운전을 했기 때문에 서울 지리를 다 아니까 백암에서 서울로 가는 짐은 무조건 다 김명수가 우선이었다. 2만 원 주고 산 총각무가 서울에 가면 30만 원이 넘었다. 중간 마진이 너무 많다는 것을 알게 되었다. 시골에서 돈 벌 수 있는 길이 얼마든지 있다는 것을 체험했다. 그러나 영업용을 하다 보니 쉬는 날이 없었다. 하루에 다섯 차례 서울을 다녀오면 대략 15시간 운전을 한 셈이다. 돈이 문제가 아니었다. 3년 일하고 용달차를 팔았다. 좀 쉽게 하자는 생각에서 문방구를 하면서 장난감과 자전거 대리점을 했다. 몸이 고단하기는 마찬가지였다. 매일 방산시장 가서 물건을 떼 오면 그날 다 팔리고. 어느 날은 아이들 자전거가 80대가 팔리기도 했다. 백암의 소비수준이 대단했다.

당구장 운영도 그가 백암에서 해 본 일이다. 백암농협 자리에 2층짜리 건물이 올라가고 있었다. 2층을 빌려 당구장을 하기로 했다. 그런데 어느 날 대목에 문방구를 잔뜩 들여다 놓고서 진열하고 있는데 친구가 자기는 백암에 와서 아무리 해도 할 게 없으니 당구장을 양보해달라고 요구했다. 친구에게 양보했다. 그러나 그 자신도 6개월 후에 당구장을 하겠다고 했다. 친구의 당구장은 잘 되었다. 6개월 후, 김명수는 다른 장소에서 당구장을 시작했다. 백암에서 당시 연탄난로를 갖다 놓고 할 때, 그는 히터를 설치하고 또 3,000점을 치는 프로당구기사를 데려왔다. 시설과 서비스, 차원이 다른 김명수의 당구장은 24시간 풀가동으로 돌아갔다. 이미 단골손님이 있으니 걱정할 것이 없다는 친구가 보름 만에 찾아왔다. "내가 너한테 졌다." 친구의 당구장은 결국 문을 닫고 말았다. 장사는 몸으로만 하는 것이 아니었다. 머리가 앞서가야 했다.

이후 김명수는 당구장을 60평짜리로 옮기고 포켓볼까지도 하면서 약 8개월을 운영했다. 그러나 밤새는 것도, 돈도 싫어졌다. 몸이 이상해서 엑스레이를 찍으니까 폐결핵 초기로 나왔다. 당구장을 프로기사한테 맡겼다. 그리고 폐에 좋다는 오존을 쐬면서 바닷가라든지 강가라든지 그런

4. 백암 백중문화제를 기록하고 있는 사진작가 김명수 _ 193

데를 다니라는 의사의 권고를 받고, 수석을 시작했다. 1984년이다. 수석을 시작한 지 1년 만에 프로 수석가가 되었다. 남한강 수석만 갖고 가면 울산사람들이 대환영 했다. 당시 울산 사람들의 수석 붐이 굉장했다. 남한강 돌만 가져가면 무조건 팔린 것이다. 김명수는 1988년도까지 수석을 했는데, 겨울에는 스킨스쿠버 슈트를 입고 남한강 수석을 탐사하기도 했다. 수석 전문가가 감정할 정도의 수준까지 올라갔는데, 이런 가운데 결핵도 다 나았다.

조경과 건축 — 1988년도부터 김명수가 한 마지막 사업이다. 전두환 정권 시절에 골프장 붐이 일어나 조경공사를 시작한 것이다. 조경을 하다 보니 건축까지 같이 하게 되었다. 1990년 우리나라에 조립식 건축이 시작될 때 그 자신 직접 조립식 건축을 배웠다. 용접도 배웠다. 한 가지 팔 힘이 세야 하는 미장일은 포기했다. 김명수는 1980년 고향 백암에 다시 내려와 백암고교 도덕 선생에게서 풍수를 배운 바 있는데, 조상의 묘 이장뿐만 아니라 조경공사 사업에 적절히 활용되었다. 1991년부터는 건축에 주로 매달리면서 풍수는 수맥이라든가 방향 잡는 것 외에 거의 써먹지 않았다. 건축사업은 서울에서 입찰을 받아서 지방 공사를 주로 다녔다. 제주도 빼놓고는 전라도, 경상도, 강원도, 충청도 등 대한민국 안 가본 데가 없다. 1년에 150일에서 200일까지 나가서 살았다. 그의 갤로퍼 승용차가 4년 반 동안 38만km를 달렸는데, 한 달에 기름 값이 보통 250만 원, 핸드폰 전화요금이 45만 원. 그 정도로 열심히 살았다. 2010년 김명수는 조경-건축사업에서 완전히 손을 떼었다. 늘 환갑 지나면 일은 그만 두고 봉사하면 살겠다고 한 자신의 말을 실천에 옮기기 위해서였다.

_시장과 시장 사람들

환갑 이후 제2의 인생, 영정사진 봉사와 백중문화제 기록

  전국을 다니는 건축사업을 하면서 김명수는 돈을 많이 벌었지만 모으지는 못했다. 친구가 좋고 여행이 좋았기 때문이기도 하지만 우선은 사진에 매진하였기 때문이다. 단골여행사에서 항공좌석이 나왔다고 연락이 오면, 일하다 말고도 비행기 타고 중국에 갔다. "아침에 일 한다고 나가 저녁에 집에 전화 걸어 나 중국이다." 훗날 그는 용인사진협회 회원들과 사진을 찍으러 중국에 자주 갔는데, 당시 그의 아내의 심정을 헤아릴 수 있을 만했다. 김명수는 대학신문 편집장 시절에도 그랬지만, 하루 종일 앉아서 글을 쓰곤 했다. 1980년 고향에 다시 내려온 후에는 고향땅에 대해 썼다. 이광실이니(근창리), 가재울 등. 김명수는 연애편지 쓸 때도 고향땅 이야기를 많이 썼다. 그의 글을 모두 갖고 있는 부인의 말이다. "당신 죽으면 내가 책을 내줄게."

  이제 사진작가로 봉사활동을 펼치는 그의 제2의 인생이 시작되었다. 그가 사진작가협회에 가입한 것은 2003년도이다. 가입하고 싶어서 가입한 게 아니다. 1964년에 사진에 입문한 김명수는 1998년에 국제프로사진작가협회(IPSA) 공모전에 특선이 된 바도 있었다. 그러나 한국에서는 협회에 가입해야 활동할 수 있었다. 또한 우리나라에서 동호회 중에 가장 많은 숫자를 가지고 있는 것이 SLR(Single Lense Reflex) 디지털사진 동호회이다. 김명수가 1만 번째 회원이고 현재 900만 명에 이른다. SLR 사진 전시회에서 그는 주로 역광사진을 출품한다. 또한 그는 한꺼번에 여러 장을 연속해서 찍고 그 중에 하나를 선택하고 또 잘라내어(트리밍, 크롭) 작품을 내는 것에 완강한 자세이다. 그것은 요행을 바라는 것이지 사진을 찍는 것이 아니라는 것이다.

4. 백암 백중문화제를 기록하고 있는 사진작가 김명수 _ 195

　사진작가 김명수의 영정사진 봉사는 2009년 그의 나이 환갑이던 해에 연꽃마을 노인요양병원에서 시작되었다. 1989년에 설립된 사회복지법인 연꽃마을은 불교신자들이 노인들의 삶의 질을 향상시키고, '보람되고 존경받는 노년', '성공적인 노후'를 위해 2013년 현재 용인(4곳), 평택(4곳), 서울(3곳), 안성(2곳), 대구(2곳), 청주, 군포, 수원, 안산, 고양, 부천, 연천 등 전국적으로 22개의 무료노인요양원, 실비노인요양원, 전문노인요양원 등을 설립 운영하고 있다. 김명수가 2009년 백암에 설립된 연꽃마을 용인요양병원과 인연을 맺은 것은 조경공사에 나무를 기증하면서부터였다. 건물은 다 지어놓았는데 자금이 부족해 조경공사를 전혀 하지 못한 상태였다. 그는 2천여만 원 상당의 나무를 기증하고 공사도 친구에게 맡겼다. 이후 연꽃마을의 노인들 영정사진을 찍어드리기 시작했다. 면사무소가 이를 알리면서, 백암면뿐만 아니라 원삼면, 이동면, 수지까지 혼자서 영정사진을 찍어주는 봉사를 다녔다.
　일이 너무 많아져 김명수는 용인사진작가협회 회원들에게 도움을 요청했다. 여자 회원 두 명이 같이 찍어주었다. 이번에는 보훈처에서 연락이 왔다. 경기 남부 보훈대상자들의 영정사진을 찍어달라는 요청이었다. 그는 기꺼이 수락하고 정성을 다해 영정사진을 다 찍어주었다. 이를 계기로 사진작가협회도 봉사에 참여하게 되었는데, 김명수는 사비로 시작했으나, 사진작가협회는 시에서 보조를 받아서 사진을 찍었다. 사진 찍어주는 사람들에게 약간의 경비도 주고, 편집비도 주고… 최소한의 수고료를 받고 한 것도 봉사가 아니냐는 주장에, 봉사의 변색이라는 것이 그의 대답이었다.
　연꽃마을 용인요양병원은 매월 생일잔치, 봄철의 효도잔치, 가을의 효 마라톤대회 등 해마다 14회 정도의 행사를 하고 있는데, 그는 행사 사진

KBS 1TV 〈한국인의 밥상〉(2011년 9월, 김명수 촬영)

을 무료로 찍어주는 봉사를 하고 있다. 2012년 11월부터는 경기민요 하는 사람들한테 도움을 받아서 요양병원에서 같이 창도 해주고, 사물놀이 팀도 데려가서 같이 놀아주고 있다. 김명수의 취지를 듣고 지금은 대략 8명이 봉사활동을 같이 하고 있다.

　김명수는 백암의 일상을 기록하는 일도 게을리 하지 않고 있는데, 2011년 9월 KBS 1TV 〈한국인의 밥상〉 프로그램에 백암순대가 소개되었다.

4. 백암 백중문화제를 기록하고 있는 사진작가 김명수_197

백암 백중문화제 학술행사 및 공청회(2011년 9월 17일, 김명수 촬영)

다음 사진들은 그가 촬영하여 백암면체육회 카페에 올린 사진들이다.

2011년 10월 29일과 30일, 백암면 백암장터에서 제1회 백중문화제가 개최되었다. 백중일(음력 7월 15일)이 훌쩍 지난 후였다. 2011년 9월 17일 백암면사무소에서 개최된 백중문화제학술행사와 주민공청회가 열렸을 때만해도, 많은 사람들이 과연 2011년에 제1회 백중문화제가 열릴 수 있을 것인가 걱정했다. 토론자 가운데는 앞으로 1년 더 준비를 잘 한 후, 제1회 행사를 2012년에 개최하는 것이 좋겠다는 의견을 개진하기도 했다. 그때 자문위원인 김명수를 포함한 백암 지역 문화제 발굴 및 보존추진위원회(이하 백암백중문화보존회로 약칭) 회원들은 강력히 반발했다. 반드시 백중행사를 치르겠다는 각오였다. 축제를 위해 용인시 2,000만원, 김학규 시장 500만 원, 용인문화원 김장호 원장 1,000만 원의 보조금

제1회 백암 백중문화제 사진전과 장사씨름대회(2011년 9월, 김명수 촬영)

이 지원되었다. 놀라운 일은 지역에서 일어났다. 백암백중문화보존회 임원들이 980만 원, 일반회원들이 1,701만 원의 성금을 모았고 백암의 단체들도 2,090만 원을 보탰다.

제1회 백암 백중문화제는 1일차(10/29)는 전통농악공연과 전국 장사씨름대회 그리고 역사성에 현재성을 가미하여 전국 면 지역 최초로 전국 색소폰 concert를 준비했다. 2일차(10/30)는 전통 농악과 전통 무용공연을 하며 시민이 함께하는 체험행사로 백암 지역을 대표하는 순대 기네스 대회 등 시민과 함께하는 각종 대회가 열렸다. 저녁시간에는 '백중가요제'가 열렸다. 2012년 제2회 행사는 백중일인 9월 1일과 2일에 개최되었다. 김학규 용인시장과 이우현 지역 국회의원 등 많은 내빈이 참석, 백암백중문화제의 의의를 확인하고 발전을 기원했다. 행사는 작년 1회 행사와 대동소이하게 진행되었는데, 현감행차와 지경다지기 등 새로운 행사도 선보였으며, 3군군악대, 녹야국악관현악단도 초청되었다. 제2회 행사에는 용인시 3,000만 원, 처인구청 1,700만 원, 용인문화재단 1,000만 원 등 5,700만 원의 보조금이 들어왔는데, 백암백중문화보존회 차원에서도

4. 백암 백중문화제를 기록하고 있는 사진작가 김명수 _ 199

제1회와 제2회 백암 백중문화제 행사모습(2011년 10월과 2012년 9월, 김명수 촬영)

임원과 회원, 관내 단체로부터 3,615만 원의 성금을 모았다.

　백암의 백중놀이를 부활시킨 백암백중문화보존회가 발족한 것이 2011년 7월 6일인데, 사실 백암 지역민들의 문화사랑은 1978년에 생긴 백암친목회(원래명은 외사친목회)에서 시작되었다. 김명수는 1980년 다시 백암으로 돌아온 이후 백암친목회에 적극 참여했다. 시작은 상조회였지만, 곧 지역발전을 위한 노력을 기울인 친목회는 정월대보름에는 윷놀이, 백중에는 씨름대회 등을 개최했다. 그러나 회원 30여 명이 돈을 걷어서 한다는 것이 대단히 힘이 들어 결국 오래가지 못하고 활동을 중단하지 않을 수 없었다. 그러다가 백중을 기획한다는 이야기가 들어왔다. 자문위원으로 위촉을 받은 김명수는 제1회와 제2회 백중행사 전 과정을 카메라에 담아 사진집을 간행했다. 전혀 보수를 받지 않은 그야말로 봉사였다. 제1회는 사진집 제작을 그 혼자 감당했는데, 제2회는 사진협회 회원들의 도움을 받았다.

　2013년 5월 16일에 이어 6월 24일 김명수를 다시 만났다. 처음에는 용인 전통시장 전자문화지도(백암장편) 제작을 위한 관련 사진 협조를 구하고자 했다. 그러나 그와 만나 대화를 나누면서, 백암과 백중문화제를 사진으로 기록하고 있는 그는 결코 범상한 인물이 아님을 확인했다. 그렇지 않아도 SK건설 부사장 윤석경 친구의 고향답게 출중한 인물이 많은 백암에서 만난 김명수는 백암 백중문화제 역사에 꼭 기록되어야 할 사람이었다. 김명수는 제3회 백암 백중문화제가 개최될 것인지 걱정하고 있었다. 8월 12일 용인문화원 김장환 사무국장과의 통화에서 제1회 행사만큼이나 산고 끝에 제3회 행사가 8월 25~26일 개최된다는 소식을 들었다. 백암면 지도자들이 모이고 있는 백암면사무소로 달려갔다. 이장협의회 김주홍 회장 사회로 갑론을박이 벌어졌지만, 회의실을 가득 메운 백암사람들은 어떤 어려움이 있더라도 제3회 백암 백중문화제를 성공적으로 개최하고 말겠다는 의지를 보였다. 필자도 용인학 수강생들과 문화콘텐츠 전공 학생들을 독려하여 백암사람 김명수의 제3회 백암 백중문화제 행사기록을 돕기로 했다. 마침 중국 용정의 리광평 선생으로부터 소식이 왔다. 용정 광소천 어곡전마을의 백중절(농부절)도 2년을 개최하지 못했는데, 2013년 8월 28일 제5회 행사를 개최하게 된다는 연락이었다. 한국의 용인과 중국의 용정, 한민족의 전통민속 백중을 같이 살려갈 수 있기를 빌어본다. 가까운 장래에 교류행사도 같이 할 수 있기를 바라면서.

5. 백암장과 백중문화제

김장환

개관

조선시대에 백암은 교통의 요충지였다. 경상도에서 한양을 가려면 문경새재를 넘어 충주를 지나고 죽산을 지나 백암을 통해야만 용인을 거쳐 판교-말죽거리로 갈 수 있었다. 이 길이 바로 동래에서 한양으로 이어지는 영남대로이다. 총 거리 960리로 부산에서 한양까지 보름 정도 걸리는 가장 빠른 길이었으니 대부분 사람들이 이 길을 이용했다.

교통이 발달하다 보니 큰길 주변에는 여행객들의 편의를 제공하는 주막이 유난히 많았다. 원대주막이니 벌당주막이니 하는 유명한 주막들이 구한말까지 이름을 떨쳤다. 그래서 백암 사람들은 지금도 주막거리란 지명을 자연스럽게 쓰고 있다.

이처럼 백암이 교통의 요지이다 보니 임진왜란 때는 왜적이 이곳을 통과하여 한양으로 들어가면서 온 동네를 화염에 휩싸이게 했다는 기록이 있다. 또 조선시대에 일본으로 보내는 외교사절단인 조선통신사가 이곳을 거쳐 가기도 했다.

그런가 하면 백암은 넓은 평야지대라서 비옥한 토지가 많았고 농업이 발달했다. 그래서 다른 곳에 비해 인구가 많고 생활이 풍족했다. 이러한 백암의 풍요를 상징하는 격언이 하나 있다. "신갈 처녀 백암 시집보내고 부모 얼굴 펴진다."는 말이다. 척박했던 옛 신갈 사람들이 물산이 풍부하기로 이름 높은 백암 사람들을 부러워했음은 물론이다.

조선시대부터 백암 지역에서 생산되는 농산물을 거래하기 위해 1일과 6일에 백암장이 열려 성시를 이루었다. 특히 백암장은 우시장으로 유명했다. 농사를 짓는 데는 소가 필수적이다. 농업의 발달로 소를 사고파는 사람이 많아지면서 자연스럽게 우시장이 발달했을 것으로 보인다. 우시장이 열리면 수 백 마리의 소가 거래될 정도로 전국적으로 유명했는데 경상도 안동이나 상주에서 소장사가 소를 팔러 이곳에 왔다는 이야기가 전해온다.

또 백암장은 백중놀이가 성대하게 치러졌다. 음력 7월 15일이면 봄부터 여름까지 논밭 일을 하던 농부들이 바쁜 일손을 내려놓고 음식과 술을 나누어 먹고 각종 놀이를 즐기며 하루를 보냈는데 30여 년 전까지만 해도 백중날이면 온 동네 사람들이 백암장에 모여 농악놀이, 씨름대회를 열고 지역민들이 서로 화합을 다졌다고 한다.

특히 백중장에서 열리는 농악경연과 씨름대회는 유명했다. 백암 지역 각 마을 단위로 자웅을 겨루는 농악경연대회가 벌어졌고, 힘이 센 머슴과 농민들이 참여하는 씨름판이 열려 최종 승자에게 '장사'라는 칭호가 부여되고 송아지를 부상으로 받았다. 그래서 오늘날 백암농악은 용인의 유일한 웃다리 풍물로 전승되어 오고 있고, 백중장에서 벌어지던 씨름대회가 모체가 되어 오늘날 용인씨름이 전국을 제패하고 있다. 실제로 용인의 각 초·중·고등학교 씨름단이 20여 년 동안 전국대회를 석권하고 있을 뿐만 아니라 용인백옥쌀씨름단이 전국씨름선수권대회 등 각종 대회를 제패하고 있다는 사실이 백중과 관련이 있다는 것을 강조하고 싶다.
 이렇듯 백암 지역의 유서 깊은 백중장이 산업화의 그늘에 묻혀 역사 속으로 사라진 것이 안타까운 일이다. 그러나 다행히 우리 지역 고유의 민속적인 전통이 잊혀지고 있는 것을 안타깝게 생각한 백암 지역민들이 백중놀이의 전통을 되살리기 위해 발 벗고 나섰다. 바로 2011년부터 개최하기 시작한 백중문화제이다. 백중문화제는 백중장의 옛 전통을 되살리기 위해 지역민들이 참여하여 농악을 비롯하여 씨름대회, 마을 대항 줄다리기 등 각종 민속놀이를 재현하는 지역문화축제로 발전해 가고 있다. 금년으로 3회째 행사를 열었다.
 이에 필자는 백암장이 성시를 이루었을 당시와 오늘의 모습을 비교해 보는 한편, 백중과 백중문화제의 바람직한 발전 방향에 대하여 논의해 보고자 한다.

백암장

백암장의 역사

 백암장이 언제부터 열리기 시작했는지 확실하지는 않지만 조선 영조 때부터 문헌에 나타나는 것으로 보아 최소한 200년은 되었다고 볼 수 있다. 1770년 간행된 『동국문헌비고(東國文獻備考)』 시적고(市糴考) 향시조(鄕市條)에 '배관장(排觀場)'이란 이름이 기록상 처음 등장하여 18세기 후반에 이르러 서울과 수원·안성 등 경기 지역 상권과 연결되면서 주요 상업기지로 성장하게 되었다. 당시에는 죽산현에 속했으며 배관장, 혹은 배감장(排甘場)으로 불리었다. '백암'이란 명칭이 처음 나타나는 것은 1899년에 발행된 죽산읍지로 "백암 장터가 있어 매 1일과 6일에 장이 선다."라고 기록되어 있다. 얼마 전까지만 해도 많은 사람들이 '배개미장' 이라고 불렀던 것을 생각해 보면 배관장-배개미장-백암장으로 변음된 것으로 보인다.

오늘날 백암장이 열리는 위치는 원래 주막거리였다. 과거에 백암장이 열리던 곳은 현재 백암리로 들어오기 전의 사거리 근처였다고 한다. 그래서 예전엔 그곳을 구백암이라 불렀는데, 지금의 장터 쪽에 사람이 많이 모여 살게 되고 번화하면서 신백암으로 불리게 되었고 장터도 옮기게 된 것이다.

백암장의 규모는 과거 60~70년대만 해도 지금보다 세 배 이상 컸었다. 얼마나 컸는지 장날이면 백암 사람 반은 장에 나왔다고 할 정도로 장꾼들이 많았다. 유독 키가 큰 사람이나 큰 물건, 또는 넓은 지형을 보고 "배개미 진(긴)장 같다"고 하는 격언이 지금도 전해질 정도다.

백암의 지리적 여건상 양지, 원삼뿐만 아니라 이천의 모가, 설성, 호법, 안성 일죽면 사람들이 백암장을 다녔고 이들은 백암장을 중심으로 한 생활권을 이루며 주민들간 친분관계를 유지하고 공감대를 형성해 왔다. 즉 백암장은 이 지역, 저 지역 사람들을 연결하는 통로이자 공동체를 형성하는 역할을 했던 것이다.

실제로 1938년 당시 백암장에서 거래되었던 물품 거래액은 30만 2,737원에 달하였다. 당시 쌀 한 가마 가격이 7원이었으니 꽤 높은 수치라 할 수 있다. 특히 전국 최대 규모의 우시장이 열리면서 각지에서 의류, 생선, 막걸리, 과일장수 등이 몰려들어 크게 번창하였고, 돼지와 쌀시장으로도 전국적 유명세를 탔다. 1970년대 중반 고정 상인이 40명, 이용자가 600여 명으로 기록되어 있는 것으로 보아 이때부터 산업화 바람에 밀려 쇠락의 길로 접어들게 되었음을 알 수 있다.

  오일장을 돌면서 물건을 파는 사람들을 장똘뱅이라 했는데, 1일과 6일 열리는 백암장을 시작으로 2일과 7일 열리는 안성장, 3일, 8일 열리는 광해원장, 5일, 10일 열리는 진천장을 옮겨 다니며 장사를 했다. 거기에 잡화를 파는 봇짐장사와 일용품을 짊어진 등짐장사도 이곳저곳을 찾아다니다 장날이면 도로변에 물건을 벌려놓고 손님을 맞았다.

  철따라 나오는 과일과 채소, 먹을거리들이 풍성하고 난전에는 농기구며 온갖 잡화들이 재미나게 펼쳐졌다. 농민들은 자식처럼 키운 농산물을 이거나 지고 나와 장에 팔고 필요한 생필품들을 사갔다. 또 자주 못 만나는 친척이나 이웃 마을 사람들과 어울려 막걸리 잔을 주고받을 수도 있는 곳이다. 이렇듯 백암장은 백암 지역 주민들이 물건을 사고파는 상거래의 장이자 만남의 장으로서 그 역할을 충실히 해왔다.

우시장과 싸전

  과거 백암장을 대표하던 것이 보통 '쇠전'으로 불리는 우시장이었다. 지금은 사라지고 없지만 30년 전만 해도 백암 우시장은 전국적인 규모를 자랑했다. 1918년 말의 조사에 의하면 당시 전국의 우시장은 모두 655개소였고, 경기도에만 47개소가 있었다. 당시 단위시장으로 가장 큰 곳이 거래량이 2만 5천 두 이상이었던 함북 명천장과 길주장이었는데, 그 다음이 바로 수원장과 용인 백암장으로 2만두 이상 거래되었던 곳이다. 장날이면 소장사가 전국에서 몰려든다는 수원장과 어깨를 나란히 할 정도였으니, 그 규모를 짐작할 만하다.

  소 거래가 활발하던 당시 경상도 영주와 상주 등지에서도 소를 사기 위해 상인들이 올라왔다. 당시 우시장이 열렸던 곳은 현재 장날 간이시장이 위치하고 있는 곳으로 지금의 백암경로당 앞쪽이었다. 우시장이 없어지고 대신 그 자리에 야채상과 의류상이 들어섰다.

900평이 넘는 쇠전 여기저기에 소를 묶어 놓으면 흥정이 이루어지는데 보통은 소 파는 사람과 사는 사람을 중계해 주는 거간꾼이 따라 붙는다. 거간꾼은 꽉 다문 소의 입을 벌려 나이를 짐작하고 멍에살을 검사한 뒤 걸쭉하게 목소리를 내갈기며 흥정을 붙인다. 눈만 멀뚱 하늘을 보는 소의 음메 소리에 아들 학자금 마련할 농부의 주름살이 엿보인다. 거간꾼에게 주는 수수료는 보통 1%였다. 집안의 최고 재산인 소를 팔면 농부는 다시 기를 송아지 한 마리를 사서 몰고 가는 것이 보통이다.

소 거래량이 워낙 많았기 때문에 1960년대만 하더라도 우시장이 열리면 이동상인뿐 아니라 소몰이꾼, 중개상인, 도축상인 모두 활동했다. 게다가 시세 차익을 남기려고 소를 매매하는 소장수들을 위한 '마방'도 있었다. 마방에는 소를 맡아 관리하면서, 먹이도 주고 체중 늘리는 일까지 담당하는 마방꾼이 있었다. 당시 마방집은 우시장 옆에 있었는데 우시장과 함께 없어지고 지금은 야채시장으로 바뀌었다.

70년대 후반부터 농촌 가정의 재산목록 1호였던 소가 경운기와 콤바인 등 기계가 보급되면서 점차 사라지기 시작했고, 소 거래가 급격히 줄어들면서 마침내 우시장은 문을 닫았다.

백암장에서 쇠전 다음으로 유명했던 것이 싸전(쌀시장)이었다. 백암에서 생산되는 쌀은 그 품질과 양에서 인근지역을 크게 압도했다. 그래서 백암쌀을 사기 위해 멀리 수원이나 광혜원에서까지 장사꾼들이 찾아들었다고 한다. 하지만 요즘은 쌀이 대형 유통업체들을 통해 거래되는 탓에 유통량이 크게 줄었고 친환경농법으로 재배한 추청(아끼바리)쌀을 수매해 브랜드화한 백옥쌀이 인기를 끌어 명맥을 유지해 오고 있다.

싸전이 있던 곳은 청미천 하천 옆으로 413번지, 428번지 일대에 이어지는 6층 건물 주변이었고, 그 옆으로 닭전 골목과 떡전이 형성되어 있었다.

따라서 쇠전을 중심으로 싸전이 백암장의 또 하나의 축을 이루는 가운데 콩이나 깨 등 곡식을 파는 곡물전, 생선을 파는 어전, 무우나 배추 등 채소를 파는 채소전, 유기그릇을 파는 유기전, 인절미나 절편 등 각종 떡을 파는 떡전, 닭을 잡아 파는 닭전, 각종 씨앗을 파는 종자전, 소금을 파는 염전, 바늘을 파는 침자전, 철로 주물한 각종 물건을 판매하는 철물전 등 갖가지 물품이 거래되었다.

백암순대

백암장이 쇠락하면서 우시장이나 싸전은 사라졌지만 예나 지금이나 백암장 최고의 명물로 그 명성을 유지해 오고 있는 것이 백암순대이다.

백암은 용인에서는 드물게 너른 평야가 형성되어 비옥한 토지에 쌀농사가 발달했고 우시장과 함께 축산업이 지역경제의 한 축을 이루어 왔다. 한우와 돼지 사육두수는 면단위 전국 최고 기록을 가지고 있다. 한우가 80여 농가에 약 4,100두를 키우고, 돼지는 110여 호에서 무려 15만 5천여 두에 달했다. 이처럼 축산업이 발달하면서 돼지의 부산물로 만들어지는 순대가 유명해졌고 백암의 명물을 넘어 지금은 용인의 특산물로 꼽히고 있다.

일반적으로 순대하면 시중에서 흔히 볼 수 있는 찰순대를 연상하지만 소창과 막창에 각종 야채와 갖은 양념을 넣어 만든 것이 백암순대이다. 지금으로부터 50년 전쯤 '풍성옥'을 운영하던 함경도 출신의 이억조(여,

1909~1996)가 백암장이 설 때 순대와 국밥을 만들어 팔던 것이 시초이다. 현재 그 손녀가 50년 전통을 이어오고 있는 순대전문 식당을 비롯하여 10여개의 순대집이 운영되고 있다. 최근에는 백암순대가 체인화 되어 전국으로 유통되고 있기도 하다.

백암순대는 돼지의 선지와 호박·부추·숙주·두부·콩나물 등의 채소를 다지고 섞어서 갖은 양념을 한 다음 돼지창자 속에 꽉 차게 집어넣고 실로 양 끝을 동여맨 후에 찐 음식이다. 일반 순대와 차이가 있다면 무엇보다도 다진 채소를 풍성하게 넣어 순대의 잡맛이 덜하고 담백하다는 것이다.

영양학적으로 볼 때도 순대는 영양이 풍부한 음식이다. 순대의 기본 재료인 돼지의 내장과 선지에는 단백질과 철분 등의 영양소가 풍부하게 들어 있고, 속재료인 채소에는 비타민과 섬유소가 풍부하다. 또한 함께 들어가는 당면·찹쌀 등의 재료를 통해 탄수화물도 섭취할 수 있다. 돼지내장이나 당면, 찹쌀 등의 산성식품을 알칼리성이 풍부한 채소와 함께 섞음으로써 조화를 이룬 백암순대는 그야말로 영양의 보고라고 할 수 있다.

백암장의 쇠락

우시장, 싸전, 백암순대로 전국적인 명성을 떨쳤던 백암장도 시대의 도도한 흐름에는 어쩔 수가 없었다. 광복 이후까지 꾸준한 증가 추세를 보이던 오일장은 1975년을 정점으로 하여 감소 추세로 돌아섰다는 통계가 있다. 고도성장이 이루어지던 당시부터 농촌의 읍, 면 소재지까지 정기 시장이 들어섰고 상가 또는 상설시장으로 시장의 규모와 모습이 바뀌었기 때문이다.

특히 백암장이 쇠퇴의 길로 들어선 것은 우시장이 사라지면서부터다. 1963년 6월 축협의 가축 직거래가 이뤄지고, 유통망의 발달에 따라, 1980년대 들어 사라지고 만 것이다. 더구나 농협 유통망을 통해 생산과 판매가 조정되다보니, 싸전까지 사양길로 접어들면서 더욱 급격히 위축되었다.

지금의 오일장은 상설시장 주변의 거리나 공터, 시장골목 등에서 장사꾼과 지역주민들이 벌이는 노점이 어우러져 상권을 형성하고 있다. 1,000여 평에 100여 개의 노점들이 들어서는 다소 평범하고 아담한 장으로 변모되어 여느 시골의 장날처럼 한산하다.

백암장이 비록 예전만 못하다 하더라도 백암장은 백암면과 인근 지역 사람들에겐 없어서는 안 될 삶의 일부분으로 여전히 중요한 의미를 지니고 있다. 인근 마을의 지인들을 만날 수 있는 장소이고, 철따라 수확한 농산물을 제값을 받고 팔 수 있는 유통공간이기도 하다. 더욱이 지역민들이 중심이 되어 백중문화제를 개최하는가 하면 요즘 다시 오일장에 대한 뜨거운 관심을 바탕으로 백암순대 등 이색 상품을 내세우며 예전의 명성을 되찾고자 노력하고 있는 것은 다행이다.

백중문화제

백중과 백중장

백중(百中)은 농부들이 봄부터 여름까지 논밭 일을 하다가 음력 7월 보름에 이르러 바쁜 일손을 내려놓고 비로소 휴식을 취하는 날로, 음식과 술을 나누어 먹고 각종 놀이를 즐기며 하루를 보내던 농민들의 여름철 명절이다. 백중을 백종(百種)이라고도 하는데 이는 백곡지종(百穀之種)의 줄임말로 백 가지의 곡식이 성숙한다는 의미를 갖고 있다.

백중에는 여러 풍속이 전해온다. 각 가정에서는 익은 과일을 따서 사당에 제를 올리고, 궁중에서는 종묘에 이른 벼를 베어 천신(薦新)을 올리기도 하였다. 농가에서는 백중날 머슴과 일꾼들에게 휴가를 주었다. 장터에서는 '백중장'이 열리고 각 고을 풍물패가 두레를 노는 가운데 씨름판이 벌어져 우승자에게는 송아지가 부상으로 주어졌다.

백암은 30여 년 전까지만 해도 백중날이면 온 주민이 백암장에 모여 농악놀이, 씨름대회 등 고유의 민속놀이를 즐기며 화합을 다졌다고 한다. 기록에 의하면, 조선총독부가 1936년 전국의 민속놀이를 조사하여 『조선의 향토오락』이란 책을 펴내고 전국의 민속놀이를 금지시키면서 사라졌던 것을 광복 후인 1950년대에 지역 주민들이 다시 부활시켰지만 안타깝게도 1970년대 말 산업화의 그늘에 밀려 또다시 사라지고 말았다.

농촌에서 백중 무렵이면 세벌 논매기가 끝나게 된다. 힘든 농사일을 한시름 놓게 되면서 호미를 씻는다는 의미에서 백중날을 '호미씻이'라고도 했다. 부잣집에서는 집안의 머슴에게 옷을 해 주고 돈을 주어 하루 쉬도록 배려를 했고 이들이 몰려가는 곳이 백중장이었다.

백암에서는 음력으로 7월 15일에 가장 가까운 날의 장을 백중장으로 삼았는데 이날은 지역 주민들이 몰려와 장사진을 이뤘다. 농악이 울려 퍼지는 가운데 씨름대회가 열리고 사당패들이 들어와 한바탕 놀기도 하고 장터 곳곳에는 거하게 먹고 마신 주민들로 흥청거렸다.

평소 관이나 번영회 눈치를 보면서 쫓겨 다니던 야바위꾼들의 난장판도 이날만큼은 묵인되었다. 야바위 난장은 그 종류도 다양했다. '국산품 애용'이라고 해서 지금의 빙고게임 같은 것도 있었고, 육모로 깎아 만든

팽이를 돌려 나온 수의 배수만큼 가져가는 '오곱' 등 여러 가지가 있었다.
  그런가 하면 청미천 모래사장에서는 씨름판이 벌어졌다. 해마다 열리는 백중장 씨름대회에는 백암 사람들뿐만 아니라 용인, 이천에서도 왔고 멀리 충북 음성에서까지 오는 사람도 있었다. 씨름대회에서 장원을 하면 상품으로 송아지 한 마리가 주어졌다. 송아지 등엔 거적이 덮여져 있고 그 거적에는 '장원'이라고 크게 쓰여 있었다. 장원을 한 최고의 장사는 종일 사람들에게 둘러 싸여 다녔으며, 돌아오는 길에는 개천에 들려 송아지에게 물을 먹였다고 한다.
  백중장의 또 다른 볼거리는 뜨내기 사당패들이었다. 광복 직전까지 이들 사당패는 전국 유명한 오일장을 찾아다니며 연희를 했는데, 당시 우시장으로 유명한 백암의 백중장은 그들의 단골이었다. 남자들로만 구성된 남사당패는 장터를 돌면서 풍물을 치고 박첨지 놀이 등을 연행하면서 장터의 흥을 돋웠다. 또한 씨름판이 벌어질 때는 판을 중심으로 둘러서서 긴박감을 연출하기도 했다.
  일제의 문화말살정책 이전에는 백암에도 농악이 왕성하여 각 마을마다 농기를 들고 장터에 나와 함께 놀기도 했지만 일제에 의해 금지되면서 농악이 사라지는 아픔을 겪어야 했다. 광복 이후에 다시 농악을 복원하게 되고 백중날이면 마을 대항 경연을 벌였다고 한다. 일부 마을에서는 백중장이 끝나면 마을로 돌아가 지신밟기를 했다. 먼저 마을 입구에서 마을을 축원하는 굿을 올리고 집집마다 돌면서 마당놀이, 대청굿, 우물굿, 터주굿 등 고사를 지냈다. 지신을 밟은 집에서는 돈을 내놓고 술과 음식을 대접했다.
  이처럼 백암면 모든 사람들이 어울려 놀던 때가 백중장날이었지만 여자들의 장터 출입을 금하는 마을도 있었다. 술과 야바위와 노름판으로 흥청거리는 장터가 자칫 여자들에겐 위험할 수 있다는 것이 이들 마을 사람들의 인식이었다.

백중문화제 학술 세미나 및 주민 공청회

이처럼 30여 년 전까지만 해도 백중날이면 온 주민이 백중장에 모여 농악놀이, 씨름대회 등 고유의 민속놀이를 즐기며 화합을 다져왔으나 70년대 이후 산업화와 함께 자취를 감추게 된 것은 너무도 안타까운 일이다. 다행히 수 년 전부터 지역사회의 뜻있는 인사들을 중심으로 백중놀이 전통을 되살려야 한다는 여론이 조성되기 시작하였다.

그러던 중 2011년 6월, 백암 지역 각 사회단체가 참여하는 백암지역문화제발굴보전회를 결성하고 백중문화제를 개최하기로 결의하였다. 지역에 면면히 이어오던 백중놀이를 오늘에 되살려 지역 공동체 문화를 형성함으로써 지역민의 화합과 발전을 도모하고 나아가 이를 지역경제 활성화를 꾀한다는 취지였다.

이에 용인문화원은 지역민들의 이와 같은 노력이 지역문화 창달에 크게 기여할 수 있을 것이라는 기대를 표명하고 백중문화제를 체계적으로 준비하기 위해서는 우선 백중놀이의 학술적 규명과 함께 전문가들의 자문이 필요하다는 인식에서 백암 백중문화제 학술세미나 및 주민공청회를 개최하였다.

2011년 9월 17일 백암면사무소 강당에서 열린 백중문화제 학술세미나 및 주민공청회는 경기문화재단 강진갑 문화협력실장의 적극적인 후원으로 이루어지게 되었으며, 지역 주민 200여 명이 참여하여 백중의 역사성과 축제의 추진방향 등에 대한 열띤 토론을 벌였다.

이날 학술세미나에서는 임영상 한국외대 교수(인문대 사학과/대학원 글로벌문화콘텐츠학과)가 기조 발제를 하였고 장두식 단국대 교수(동양학연구소)와 이선철 숙명여대 겸임교수(감자꽃 스튜디오 대표, 현 용인대 교수)가 발제를 하였으며, 이선우 용인시의회 의원을 비롯하여 5명의 지정토론자가 참여하였다.

기조 발제에 나선 한국외대 임영상 교수는 중국이 2009년 조선족의 농악을 유네스코 세계무형문화유산으로 등재하더니 최근에는 아리랑이나 씨름을 유네스코에 등재하려는 움직임이 있다며 조선족의 민속문화를 콘텐츠로 개발하여 지역경제 활성화는 물론 지역의 브랜드로 가치를 높이고 있는 예를 소개했다. 특히 연변의 용정 광소촌이 백중절을 농부절로 이름하고 전통을 재현하는 실상을 소개하며 백암 백중문화제 개최의 필요성을 역설하였다. 이어 도농복합도시 용인의 농촌문화콘텐츠는 어느 지역보다 백암이 유리하다며 오랜 전통의 백암장이 유지되고 있는데다가 5개 대학에서 용인학을 개설하고 있다는 점, 용인-MBC드라미아와 한택식물원 등 연계 인프라가 구축되어 있다는 것이 매우 유리한 조건이라고 주장했다.

발제를 맡은 단국대 장두식 교수는 백중의 역사와 유래를 설명하며 삼국시대부터 행해진 백중은 불교와 도교적인 행사였던 것이 조선시대부터 세시풍속으로 정착하게 되었다고 그 유래를 설명했다. 또한 1980년대 새롭게 창출된 밀양백중놀이를 소개하며 서민예술로 승화시킨 것은 의미가 있지만 카니발적인 놀이성과 사회통합적인 기능이 약화되었다며 이를 시금석으로 삼아야 한다고 주장했다. 때문에 백암 백중문화제는 참여자 전체가 신명을 가지고 자발적으로 참여하는 카니발적인 놀이이자 해학의 장이 되어야 하며, 시공간 정신을 살림으로써 사회적 갈등 해

소와 통합의 계기를 마련하는 건설적 문화축제가 되어야 한다고 말했다.

축제기획 전문가 이선철 교수는 대중적인 관광축제가 아닌 지역의 전통을 테마로 하는 민속축제는 마케팅이나 기획에 있어서 기존 축제들의 시행착오를 피하고 새로운 비전을 제시할 수 있어야 한다며 민속축제는 '역사성과 현재성'의 양면성이 교차되면서 정착하는 것이 바람직하다고 말했다. 성공적인 축제가 되려면 무엇보다 지역민들이 주도적으로 참여하고 그들이 중심이 되는 행사가 되어야 하며 목표의식과 함께 독창적인 주제, 명확한 테마의 설정이 중요하다고 강조했다. 또한 축제장에 방문객이 몰리게 하기 위해서는 현실적인 마케팅 전략이 필요하며 지속 가능성을 전제로 한 축제발전 장기계획을 세워야 한다고 말했다.

한편, 토론에 나선 용인시의회 이선우 의원은 지역의 정체성 확립은 바로 지역 발전의 모체가 되는 것이므로 백암면민이 하나가 되어 백중문화제를 용인 최고의 전통문화축제로 이끌어 간다면 우리 지역이 획기적으로 발전하는 계기가 되리라 본다며 의원으로서 축제가 성공할 수 있도록 적극 노력하겠다고 밝혔다. 용인시민신문 우상표 대표는 넓은 평야지대에 위치한 백암은 비옥한 토지가 많아 농업이 발달했으며 특히 백암장은 우시장으로 유명했다며 전국적으로 희소성이 있는 만큼 백중제를 지역문화콘텐츠로 개발하는 노력은 너무도 중요하다고 말했다. 용인신문 박숙현 회장은 백중문화제가 성공하려면 무엇보다도 안성 바우덕이축제나 화성문화제 등 성공적인 축제를 참고할 필요가 있으며, 백암장터의 위치 선정 문제, 행사 구성원의 의복이나 생활상 재현의 문제 등을 세밀히 고려해야 한다고 말했다.

이어 백암 지역을 대표하는 세 명의 토론자가 나섰다. 김주홍 백암면 리장협의회장은 백중놀이의 전통을 되살리기 위해 백암면민이 발 벗고 나섰다며 이것이 우리의 전통과 얼을 살리고 지역경제를 살리는 길이라고 주장했다. 박세환 백암면 체육회장은 백중문화제를 준비하면서 한택식물원과 용인-MBC드라미아는 오는 손님을 온종일 그곳에 머무르게 하는 것이 그들의 목적이기 때문에 백암 지역과 연계하기에는 많은 어려움이 있다는 입장을 표명했다. 마지막으로 나선 김종억 백암면장은 지역민이 함께 하는 지역축제가 성공적으로 치러지기를 기대한다며 행사가 성공할 수 있도록 행정적으로 최선을 다하겠다고 다짐했다. 마지막으로 행사에 참여한 지역민들의 열띤 토론과 함께 약 3시간 30분 동안의 행사를 모두 마쳤다.

백중문화제 학술세미나 및 주민공청회는 백중문화제의 기획과 운영 전략의 방향을 설정하는 한편, 전통과 지역경제를 살리겠다는 지역민의 의지가 한데 모아지는 계기가 되었다.

제1회~제3회 백중문화제

백암 지역의 전통 민속놀이인 백암 백중제가 30여 년 만에 부활하여 2011년 10월 29일부터 30일까지 이틀 동안 백암장터에서 개최되었다. 용인시와 용인문화원이 후원하고 백암지역문화제발굴보전회(회장 유정배)가 주최한 제1회 백중문화제는 백암농악 길놀이로 문을 연 행사 첫날에는 원삼중학교 풍물패의 사물놀이 공연을 비롯, 여자씨름대회, 삼도사물놀이, 국악연주와 밸리댄스, 색소폰 콘서트 등이 열리고 둘째날에는 백암농악보존회의 백암 웃다리 농악을 비롯, 용인풍물단의 사물판굿, 순대 기네스, 요가시연, 전통무용, 백중가요제 등이 진행되었다. 또 상설행사로 짚풀놀이, 떡메치기, 콩 탈곡하기, 농특산물 할인행사, 벼 타작하기,

5인조 품바 양부자팀, 색소폰 거리공연과 '용인사람 용인풍물' 사진 전시회 등이 열렸다. 참가시민들에게는 백암 지역 순대국밥을 30% 할인해 주기도 했다. 홍보부족과 고르지 못한 날씨에도 불구하고 지역 주민의 참여도가 높은 편이었고 행사 내용에 있어서도 지역의 특성을 살리고자 노력을 했다는 점에서 앞으로의 가능성을 확인하는 행사였다는 평가를 받았다.

제2회 백암 백중문화제는 2012년 9월 1일부터 2일까지 백암면 백암장터에 열렸다. 이번에는 '백암장터 가는 날'이라는 주제를 설정해 놓고 지역의 특성을 살리는 여러 가지 민속놀이와 공연 프로그램을 마련하였다. 첫날 백암농악단의 축제를 알리는 길놀이를 시작으로 현감행차, 지경다지기, 씨름대회, 줄타기 등 전통문화 재현행사와 무용, 국악한마당, 색소폰 연주 등 각종 무대공연이 열렸다. 둘째 날에는 경기민요와 녹야국악관현악단의 정기공연 등 국악 공연이 진행되었고, 백암순대 만들기를 체험하고 시식하는 자리도 마련되었다. 저녁시간에는 마지막 일정인 주민노래자랑으로 이틀 동안의 행사를 마무리 했다. 비가 오락가

제2회 백암 백중문화제
홍보 팸플릿

락하는 가운데 치러진 제2회 백중문화제는 지역의 전통을 살리면서 주민의 화합을 다지고 지역의 정체성을 확립한다는 목적으로 추진된 만큼 주민들의 참여도도 높았고 지경다지기와 같은 신선한 소재를 발굴했다는 점에서 긍정적인 평가를 받았다. 다만 아쉬웠던 것은 백중이란 민속문화의 의미를 살리는 프로그램이 부족했다는 점과 축제를 특화할 수 있는 독자적인 콘셉트가 없고 여느 지역행사에서 흔히 볼 수 있는 백화점식 공연물을 나열해 산만하게 진행되다 보니 집중화가 떨어졌다는 점을 지적을 할 수 있겠다.

  제3회 백암 백중문화제는 2013년 8월 25일부터 26일까지 이틀 동안 열렸다. 기존에 백암장터에서 열리던 행사를 이번에는 백암면주민자치센터 일원으로 장소를 옮겨 개최하였다. '가족이 함께 즐기는 축제'라는 주제를 설정해 놓고 진행된 제3회 행사는 조선 후기의 실학자로 백암면 석천리에 위치한 반계 유형원 선생의 묘역에서 고유제를 지낸 것을 시작으로 지경다지기, 백중씨름대회, 백암농악, 백암막걸리 마시기, 백암순대 자르기, 제기차기, 가요제, 용인시 관내 각 주민자치센터 공연, 마을대항 줄다리기 등이 열렸다. 2013년도에 치러진 제3회 백중문화제는 행사 규모나 프로그램, 관객 등 전반적인 내용들이 예년에 비해 상당히 위축되었음을 확인할 수 있었다. 용인시의 재정 악화로 백중문화제의 예산 규모가 축소된 것이 직접적인 원인이라 할 수 있겠지만 더 큰 문제는 백중문화제 추진 기구의 내부적인 문제로 구성원간의 불신과 갈등이 초래되면서 오랜 기간 정상화되지 못한데 있다고 할 수 있겠다. 즉 적은 예산과 조직의 파행, 그로 인한 짧은 준비 기간이 제3회 백중문화제를 위축되게 만들고 말았다.

  지역문화축제는 지역민의 합의와 통합이 가장 중요하다고 할 수 있다.

3년의 짧은 연륜의 백중문화제가 아무런 제약이나 장애요소 없이 승승장구한다는 것은 현실적으로 불가능한 일이다. 전국 유수의 지역문화축제들도 초창기에는 대부분 백중문화제와 유사한 어려움을 겪어 왔다. 이러한 현실을 얼마나 슬기롭게 극복하느냐가 관건이 되는 것이다. 중요한 것은 백암 주민들이 공통적으로 지역에 대한 자긍심, 그리고 한번 해보겠다는 당당한 의지를 가지고 있다는 사실이다. 서로가 거시적인 눈으로 미래를 보고 대의(大義)를 생각한다면 합의와 통합은 결코 어려운 일이 아닐 것이다. 세 차례의 경험을 토대로 내년에 열릴 제4회 백중문화제는 현실적인 여러 가지 한계를 극복하고 독특한 개성과 백암만의 정체성을 담은 지역문화축제로 우뚝 설 수 있기를 기대해 본다.

6. '백암장' 활성화를 위한 콘텐츠 기획

최명환·김태선 외*

1. 기획 의도

　백암 지역의 전통 오일장인 백암장은 전국적으로 이름났던 큰 시장이었다. 특히 우시장과 싸전으로 유명했는데, 장날이면 전국에서 백암장으로 몰려들 정도로 큰 규모를 자랑했다. 하지만 축협의 가축 직거래가 이뤄지면서 우시장도 사라지고, 농협의 유통망을 통해 쌀 생산과 판매가 조정되다 보니 싸전마저 사양길로 접어들면서 백암 지역의 경제는 급격히 위축되었다.

　위축된 지역 경제 활성화의 돌파구로 많은 지자체에서는 지역 문화를 활용한 문화콘텐츠들을 쏟아내고 있는 현황이고, 백암은 이런 문화콘텐츠의 발판이 될 수 있는 다양한 원형들을 보유하고 있다. 대표적으로는 백암의 특산물로 자리 잡은 '백암순대'와 '백암막걸리'가 있고, 지리적으

---

* 한국외대 글로벌캠퍼스 문화콘텐츠 전공 2012년 1학기 김선정 교수의 '구술사와 콘텐츠 기획' 수업에 참여하여 백암장 발전 방안 기획서를 제출한 학생들의 아이디어를 종합하여 작성한 것이다. 처음 기획에 참여한 학생들은 다음과 같다: 김효순, 박준설, 오세훈, 김영민, 김성희, 이혜임, 조아라, 송은지.

백암면 내 문화자원

로 백암 지역에 들어서 있는 '용인-MBC드라미아'와 '한택식물원', '예아리 박물관' 등이 있으며, 이미 문화콘텐츠 개발의 일환으로 백중과 백암 오일장을 결합하여 발전시킨 '백암 백중문화제'가 3회에 걸쳐서 시행되고 있다.

그러나 백암면내에 소재한 문화자원 및 관광지들의 홍보가 잘 이뤄지지 않고 있는 실정이고, 서로 연결 지을 수 있는 인프라와 시설 등이 부족하여, 개선해야 할 점들이 많이 있다. 따라서 본 기획에서는 첫 번째로 각 문화·관광 자원들의 지리적 입지를 고려한 '문화·관광 클러스터'를 제시하고, 설정된 대상층에 따른 2가지 전략을 제시하고자 한다. 두 번째로는 '백암 백중문화제' 홍보 관련 방안과 어린이와 가족들을 대상으로

용인의 생활권과 백암의 교통

한 축제 프로그램의 개선 등을 제시할 것이다.

2. 문화·관광 클러스터(Cluster) 구축

클러스터(Cluster)는 유사 업종에서 다른 기능을 수행하는 기업, 기관들이 한 곳에 모여 있는 것을 말한다. 기존에는 주로 기업, 기관, 연구소 등에 쓰이는 말이었지만, 최근에는 '원소스멀티유즈(One Source Multi Use)'산업 중 하나인 문화콘텐츠에서도 효과적 클러스트가 형성되고 있다. 부천의 출판문화, 춘천의 애니메이션, 대전의 영상·게임 클러스터가 하나의 예시가 될 수 있다.

1) 환경 분석

교통문제 : 백암 지역의 문화·관광 활성화를 기대하기 위해서 우선적으로 해결해야 하는 부분이 교통 인프라 구축이다. 실제로 서울 등 타 지역에서 백암면 소재지로 대중교통을 이용해서 방문을 하려면 여러 번 버스를 갈아타야 하는 등 접근성이 매우 낮다는 것을 알 수 있다. 이는 대중교통 수단의 확충이라는 근본적인 대책을 마련하기 전까지 대부분의 방문객들이 자가용이나 단체로 전세버스를 타고 온다는 것을 의미하는 대목이기도 하다.

2) 대상층별 제안-가족 단위 문화관광: Rest-our 문화·관광

Rest-our는 Rest+Tour+Our의 의미를 모두 지닌 복합적인 뜻의 이름이다. 휴식을 즐기며 관광지를 여행할 수도 있는 우리의 관광 휴양지라는 의미로 이름을 지어보았다.

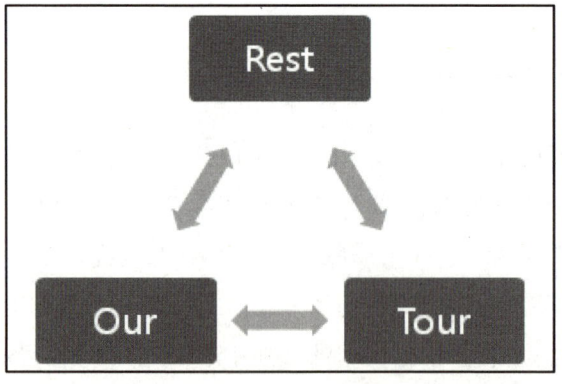

Rest-our 개념도

한택식물원, 조비산 캠핑장, 용인-MBC드라미아 캠핑장

① 휴식(Rest)

앞에서 언급 하였듯이 백암면은 '한택 식물원', '용인-MBC드라미아', '예아리박물관', '백암장' 등의 다양한 문화·관광 자원들을 보유하고 있다. 이들을 하나의 클러스터로 연결 지을 때 가장 중요한 부분은 이들을 하나로 묶을 수 있는 주제의 유무다. 상대적으로 교통편이 불리한 백암면은 외부 인구가 많이 유입된 기흥, 수지에 비해서 천혜의 자연환경을 보유하고 있다. 또한 '한택식물원'을 통해서도 자연을 통한 휴식이 가능하다. '용인-MBC드라미아'의 경우도 주로 관광 목적을 띠고 있는 것으로 보이지만, 2010년도에 들어서면서 한국을 강타한 캠핑열풍의 일환으로 근처 '조비산 오토 캠핑장'과 같이 '용인-MBC드라미아 캠핑장'을 운영 중에 있다.

② 투어(Tour)

지금까지 백암에서의 가족 간 휴식에 관해 집중했다면 이번에는 그 못지않은 문화·관광 자원들에 대한 소개다. 일반적으로 한 번 쓰고 버리거나 허물어 버리는 세트장과는 달리 삼국시대 이후의 건축양식과 생

226 _시장과 시장 사람들

용인-MBC드라미아와 예아리박물관, 백암오일장

활공간을 반영구적으로 보존하고 있는 '용인-MBC드라미아', 잊혀져가는 전통 상례 문화의 보존과 계승발전을 위해 설립된 '예아리박물관', 지역 농산물과 특산물은 물론 아직도 전통 오일장의 모습을 유지하고 있는 '백암 오일장' 등이 백암 지역을 방문했을 때, 다양한 문화를 체험할 수 있는 위치로 손꼽힌다.

3) 대상층별 제안-대학생 MT촌으로서의 백암

용인시에는 11개 이상의 유명 대학이 위치하고 있으며 최소 7만 명이 넘는 대학생이 재학 중이다. 대학생활의 꽃이라고 할 수 있는 MT를 가는 인원도 대학교 수와 학생 수만큼이나 많은 수요가 있을 것이라고 예측할 수 있다. MT는 Membership Training의 약자로 대한민국의 대학문화로, 새 학기 초에 대학 신입생들을 환영하는 의미에서 다녀오는 짧은 여행을 일컫는 말이다. 신입생과 학과 또는 학부 선배들 사이에 얼굴 익히기를 포함한 친목도모가 주목적이다. 주로 새 학기 초인 3월이나 늦어도 4월 경에 열리며, 학과의 주요 행사에 포함되기 때문에, 교수를 포함한 교직원들도 함께 참가하는 경우가 많다. 또한 각종 동아리, 학회별 MT도 있기 때문에 학기가 시작되는 3월 초부터 여름방학이 시작되는 6월 말까지를 성수기라고 볼 수 있다. 이러한 MT는 1학기 때 집중되어 있지만, 2학기나 겨울방학 때도 1학기만큼의 수요는 아니지만 적당한 수요를 보장한다.

백암 MT 내용 예시

구분	내용	비고
기본컨셉	용인: MBC 드라미아 / 한택식물원 / 예아리박물관 (택1) + 백암 지역 숙박	
운영일수	연중무휴	성수기(3~6월)
정산방법	현금, 신용카드	
메뉴/상품	MBC 드라미아 / 한택식물원 / 예아리박물관 백암 숙박시설 / 전세버스 연계	
가격대	MBC 드라미아 : 용인시 소재 대학교 학생의 경우 4000원 (원가:7000원) 한택식물원 : 용인시 소재 대학교 학생의 경우 5000원 (원가:8000원) 예아리박물관 : 용인시 소재 대학교 학생의 경우 4000원 (원가:5000원) 숙박시설 : 각 숙박시설 기준에 따른다	학생증 제시 시 제휴를 통한 할인혜택 제공 숙박시설과 전세버스 측으로부터의 적절한 수수료를 책정
부가서비스	3회 이상 이용 시 할인혜택 제공	

취업시장의 문이 전보다 훨씬 좁아진 요인일까, 요즈음 대학생들은 예전 대학생들과 달리 상당히 자기관리에 철저하다. 이러한 트렌드에 맞추어 대학가의 MT 분위기도 그저 술만 마시고 오는 MT가 아니라 주변 관광지도 돌아보고, 느끼며 즐기는 MT로 변해가고 있다. 그리고 보통의 MT는 당일에 도착해서 그날 저녁이 되기 전까지는 특별한 계획을 짜오지 않기

때문에 시간을 보내다가 술자리가 시작된다. 우리는 바로 이 MT 낮 시간을 공략하려는 것이다. 그래서 백암의 여러 관광콘텐츠를 전략적으로 이용한다면 백암 지역 연계 관광이 큰 성과를 낼 수 있다고 본다.

3. 백중문화제 콘텐츠 기획안

1) 현황 분석

백암 백중문화제는 음력 7월 15일에 개최되었던 전통 세시풍속으로, 2011년 단절된 지 40년 만에 복원되었다. 과거 백중제의 중요 행사는 씨름과 농악이었다. 그러나 현재의 백중문화제는 씨름과 농악만으로는 관객유치가 힘들어 관객을 끌 수 있는 오락적 요소가 필요하였고, 그 결과

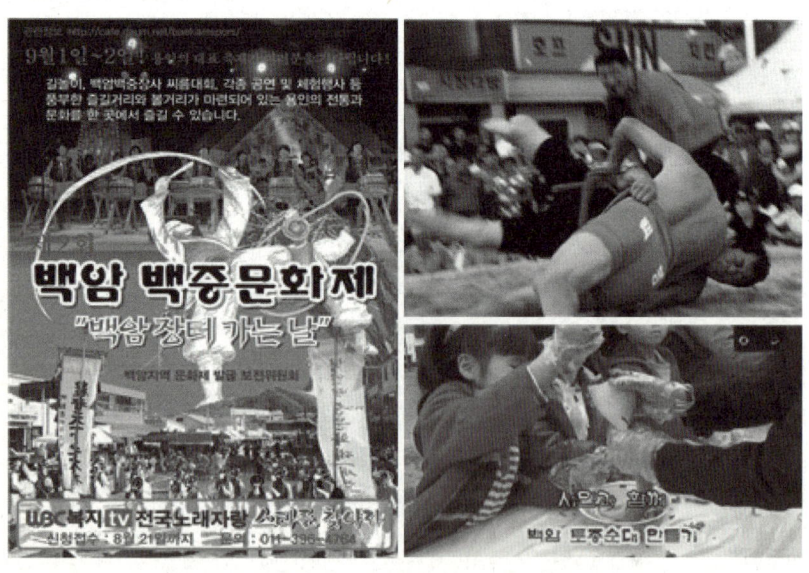

백중문화제 행사 사진

처음 복원되었던 2011년 제1회 백중문화제에는 색소폰콘서트나 가요제 등이 추가되었다. 이는 시민들로 하여금 좋은 반응을 이끌어 냈지만, 대부분의 행사가 지역사회의 고령화를 대변하듯 어른을 대상으로 기획되었다. 온 가족이 함께 순대를 만들어보는 행사인 '순대기네스'처럼 시민이 함께 백중문화제에 참여할 수 있는 프로그램 또한 부족했다. 백중문화제는 지역민들의 자발적인 의사와 능동적인 참여로 인하여 그 명맥이 유지되고 있다는 점에서 고무적인 지역문화축제다. 이런 노력이 결실을 맺기 위해서는 현재 축제를 즐기는 '어른'뿐만 아니라, 앞으로 백중문화제가 추억으로 간직 될 '아이'를 대상으로 하는 콘텐츠의 필요성이 대두된다. 따라서 이번 기획에서는 축제에 참가하는 어린이와 가족들을 위한 콘텐츠를 제시하고자 한다.

2) 새롭게 기획된 프로그램 세부사항

① 백암순대 기네스에 쓰일 재료 찾기

백암순대는 유명하기도 하고 맛도 좋기 때문에 백암장이나 백중문화제에 재방문을 유도하기에 가장 중요한 요인이다. 따라서 기존에 운영하고 있는 순대 기네스 프로그램은 그대로 유지하되 본격적인 순대 기네스 행사 전 무대 밖 행사로, 팀을 구성하여 간단한 게임을 진행하면서 순대에 넣을 수 있는 부가적인 재료를 얻어 그것들로 순대를 직접 만들어 먹고 싸 갈 수도 있는 프로그램을 추가한다.

② 농악과 어우러지기

과거 백중제 행사의 중심이 씨름대회와 농악이었듯 그 전통은 살리되 그냥 전문가들이 와서 공연하고 경연하는 것은 흥미를 유발시키기에 부족하므로 남녀노소 쉽게 참여할 수 있는 참여형 프로그램으로 전환할 필요가 있다. 행사 1, 2일차에 진행되며 농악공연을 하기 전에 무대 밖 체험부스에서 북, 꽹과리, 장구, 징, 소고 등 농악 연주에 필요한 악기로 쉽게 배울 수 있는 가락을 전문가에게 배우고 무대에 올라 전문 연주가의 연주에 맞춰 본인이 배운 가락을 연주한다.

③ 백암막걸리 빚기 프로그램

무대 밖 행사로, 체험부스에서 1일차에 진행한다. 선착순 30가구로 신청을 받으며 어린이들이 부모님과 함께 막걸리를 빚어보는 시간이다. 막걸리 제조에 관한 기본적인 것들을 먼저 배운 다음, 전문가의 시연을 따라하며 막걸리를 만든다. 만든 막걸리는 집에 가져가 1~2주 뒤에 맛볼 수 있다.

④ 어린이 장보기 체험 프로그램

어린이가 장을 보는 체험을 하는 프로그램으로, 1일차와 2일차에 진행한다. 오후 1시부터 4시까지 5명씩 4팀으로 한 시간 단위로 진행하며, 장터 곳곳에서 미션을 풀어야 하는 미션형식의 프로그램이다. 아이들은 장터에서 사야 할 목록을 받고, 각 물품마다 시장상인에게서 답을 얻어내야 하는 퀴즈가 있다. 아이들은 상인들에게 말도 걸어보고, 장터 곳곳을 누비며 물건도 직접 산다. '밤 한 되'와 같은 단위 개념도 익히고, 마트에 익숙한 현대 아이들에게 백암장을 재밌게 체험해 볼 수 있는 기회가 된다. 모든 미션을 푼 팀은 시장에서 파는 아이들 장난감이나 귀여운 캐릭터 잠옷과 같은 상품들이 증정되며, 후에 백중제 때만 하는 프로그램이 아닌, 정기적으로 운영되는 프로그램으로 발전시킨다.

4. 백암 서포터즈(Supporters)

지금까지 백암에 관련된 문화행사, 관광지, 특산물 등을 이용한 각종 콘텐츠 기획 방안에 대해 제시해 보았다. 사실 이 이전에는 백암 관련 문화콘텐츠가 아예 없었던 것은 아니다. 분명 '백중문화제'가 실시되어 왔고, 몇몇 블로거들을 통해 소개가 되고 있기 때문이다. 하지만 같은 처인구에 있는 다른 시민들조차 '백암'은 생소한 곳으로 인식되고, 전국적으로도 '백암순대' 또한 인지도가 비교적 낮은 것이 사실이다. 이는 능동적인 주민참여나 콘텐츠 기획뿐만 아니라 지속적인 홍보의 중요성 또한 일깨워 준다.

1) 대상의 설정

서포터즈의 모집은 우선 백암 관내에 거주하고 있는 주민들을 우선적으로 선발하고, 이후 시 단위, 도 단위 순으로 전국적으로 펼쳐나간다.

- 대상 : 백암 소재 중·고등학생, 백암에 관심 있는 대학생 및 일반인
- 인원 : '백암 서포터즈' 1기(20명)
- 홍보범위 : 전국 단위

2) 콘텐츠 특징

백암순대 서포터즈 활동 내용: ① 교육 - ② 체험 - ③ 기획 - ④ 실행

총 4단계의 활동

① **교육**

　백암과 백암장, 백암순대의 역사와 전통에 대한 교육 세미나 개최
　- 지역 어르신들과 교육자, 역사가들의 특강 형식으로 진행

② **체험**

- 백암 지역 관광 및 백암장 답사
- 백암특산물 시식
- 백암장 상인들과의 간담회

③ **기획**

- 백암을 홍보하는 다양한 기획
    - 백암 특산물 캐릭터 기획
    - 백암 특산물 및 백중문화제 UCC 콘테스트
    - 백암 탐방 블로그 제작 및 홍보

④ **실행**

- 기획 내용 발표
- 우수 활동가와 우수 콘텐츠 심사 후 시상
- 기획 실행

6. '백암장' 활성화를 위한 콘텐츠 기획 _ 233

일정표: 5월~7월 3개월, 총 12주

	프로그램 명	일정	회수	활동 내용
1	백암 서포터즈로 임명합니다	1주차 / 12주차	각 1회	서포터즈 발대식 / 시상 및 환송회
2	백암 시간 여행	1주차	총 2회	백암, 백암장의 역사와 전통에 대한 교육 세미나 개최
3	백암, 어디까지 가봤니?	2주차	총 2회	백암 지역 관광 및 백암장 답사 (백암면 내, 한택식물원 등 문화·관광지)
4	백암 알리미	3~6주차	총 3회	백암 특산물을 시식하고 후기를 작성 - 30,000원 시식권 증정 (형식은 온·오프라인 막론 자유)
5	나도 문화 기획자	7~11주차	주 1회 총 5회	백암과 관련한 문화콘텐츠 기획 및 실행

3) 서포터즈 홍보 예시

페이스북을 활용한 홍보 활동

5. 맺음말

　백암은 문화콘텐츠로는 아직은 첫발을 내딛는 상황이고, 이에 따른 다양한 시행착오를 겪는 중이라 생각한다. 그럼에도 앞으로 백암의 문화 발전의 전망이 밝게 느껴지는 부분은 지역의 주민들이 능동적으로 참여하여, 본인들이 살고 있는 마을의 문화를 계승·보존하려 하고, 나아가 타 지역민들과도 공감할 수 있는 하나의 문화콘텐츠를 만들어 내려는 노력이 있기 때문이다. 이번 기획을 준비하면서 백암이라는 마을에 이토록 다양한 개발가능한 문화자원들이 많이 숨어있을 것이라고는 생각지 못했기에 우리들로서도 조금 더 다양한 시도들을 많이 해보았다. 앞서서 불리한 대중교통, 홍보의 부족에 따른 낮은 인지도 등의 한계점에 대해 언급했지만, 조금 더 세분화된 대상층을 통해 백암에 산재해 있는 문화·관광 자원들을 묶어낸다면 충분히 앞으로도 발전된 지역문화로 변모해 갈 것이다.

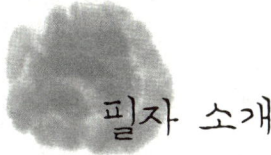

필자 소개

• 연구진 필자

임영상: 한국외국어대학교 사학과/ 문화콘텐츠학 연계전공 교수
김선정: 한국학중앙연구원 현대한국구술자료관 자료정보실장
김장환: 용인문화원 사무국장
김종경: 용인신문 대표
우상표: 용인시민신문 대표
정양화: 용인문화원 문화학교 교장
최명환: 한국외국어대학교 문화콘텐츠학 연계전공 강사
홍순석: 강남대학교 국문과 교수

• 학생 필자

김성희: 한국외국어대학교 영미권통상통역학과
김정은: 한국외국어대학교 디지털정보공학과
김태선: 한국외국어대학교 국제경영학과
김효순: 한국외국어대학교 러시아학과
박준설: 한국외국어대학교 프랑스학과
송은지: 한국외국어대학교 헝가리어과
우초롱: 한국외국어대학교 브라질학과
이혜임: 한국외국어대학교 영미문학문화통번역학과
정서윤: 한국외국어대학교 아랍어통번역학과
정윤아: 한국외국어대학교 디지털정보공학과
조아라: 한국외국어대학교 일본어통번역학과